T0369962

# Mentalidad de tiburón
## *Las 13 leyes*

## Biografía

Manuel Sotomayor Landecho, «SHARK», es fundador de la empresa Mentalidad de Tiburón (Desarrollo humano e ingeniería mental). Se licenció en Administración de Negocios y estudió una maestría en Sustentabilidad y Responsabilidad Social por la Universidad Anáhuac. Es ganador del Premio Liderazgo en valores humanos por la misma universidad y, en natación, llegó a estar en el Top 20 mundial. Durante 13 años fue seleccionado nacional para representar a México en diversos eventos internacionales. Trabajó como director de marca de Arena Water Instinct, posicionándola como la #1 en el mercado deportivo mexicano.

También es consultor de Perry Ellis International (Nike Swim). Actualmente es director operativo deportivo de uno de los planteles del nuevo subsistema federal de educación media superior, el Bachillerato Tecnológico de Educación y Promoción Deportiva (BTED), y fundador del Programa Elite de Deportes en la Universidad Anáhuac (primer programa en México de apoyo académico para atletas de alto rendimiento).

# Manuel Sotomayor Landecho
## «Shark»

Mentalidad de Tiburón
*Las 13 leyes*

booket

© 2020, 2023, Manuel Sotomayor

Diseño de portada: Planeta Arte & Diseño / Ramón Navarro
Fotografía de portada: Blanca Charolet
Fotografías de interiores: archivo personal del autor

Derechos reservados

© 2023, Editorial Planeta Mexicana, S.A. de C.V.
Bajo el sello editorial BOOKET M.R.
Avenida Presidente Masarik núm. 111,
Piso 2, Polanco V Sección, Miguel Hidalgo
C.P. 11560, Ciudad de México
www.planetadelibros.com.mx

Primera edición en formato epub: noviembre de 2023
ISBN: 978-607-39-0695-1

Primera edición impresa en México en Booket: noviembre de 2023
ISBN: 978-607-39-0366-0

Si necesita fotocopiar o escanear algún fragmento de esta obra diríjase al
CeMPro (Centro Mexicano de Protección y Fomento de los Derechos de
Autor, http://www.cempro.org.mx).

Impreso en los talleres de Litográfica Ingramex, S.A. de C.V.
Centeno núm. 162-1, colonia Granjas Esmeralda, Ciudad de México
Impreso y hecho en México -*Printed and made in Mexico*

# ÍNDICE

# INTRODUCCIÓN

La historia nos ha enseñado que quienes conquistan, quienes crean, inventan, construyen, quienes transforman el rumbo de la vida, tienen ciertas características en común: son imparables, una vez decidido su plan, su meta, su idea o su creación, no hay marcha atrás, no hay nada que pueda detenerlos o cambiar esa idea de su mente.

¿Te has preguntado cuál es la característica más fuerte que tienen en común todos los grandes conquistadores, y creadores desde la Antigüedad hasta nuestros tiempos?

En el año 400 a.C., desde el rey de Esparta Leónidas, quien no se rindió ante nadie, impresionando a los griegos y gracias a esto se creó la idea del «Heroico Espartano», pasando por grandes estrategas militares como Sun Tzu, Alejandro Magno, quien nunca perdió una batalla, Julio César, quien utilizó sus habilidades en oratoria para inspirar a sus hombres, y con sus conquistas se extendió el derecho Romano, Carlomagno, quien logró fusionar diferentes culturas, marcando el comienzo de la civilización Europea moderna, así como también Rodrigo Díaz de Vivar, mejor conocido como El Cid Campeador, quien es un héroe nacional inspirador, encarnando al «caballero de grandes virtudes»: valiente, leal, justo, culto, templado y guerrero.

Ricardo I, quien gracias a su destreza en el campo de batalla se ganó el sobrenombre de «Corazón de León».

Leonardo da Vinci, quien aunque no fue tomado en cuenta para pintar la Capilla Sixtina, aun siendo uno de los mejores pintores de Florencia, y a pesar de que esto fuera un golpe muy fuerte en su vida, esto no lo detuvo, al contrario, lo motivó más.

Federico el Grande, quien siempre fue superado tanto en el número de hombres como por las naciones aliadas contra él, pero a través de acciones audaces y ofensivas lograba conquistar.

George Washington, quien logró derrotar a un ejército mejor entrenado y mejor equipado de una de las naciones más poderosas de la Tierra.

Wolfgang Amadeus Mozart, quien enfrentó muchas situaciones dolorosas que lo frenaron temporalmente, pero después de esto, finalmente se decidió a componer a un ritmo desenfrenado, buscando recuperar el tiempo que había perdido.

Napoleón Bonaparte, estratega implacable a quien nada se le hacía imposible.

Charles Darwin, quien a pesar de escuchar a su padre decirle: «Tus únicos intereses son la caza, los perros y atrapar ratas; serás una desgracia para ti y tu familia», esto en lugar de hundirlo, lo tomó con un reto, logrando aprovechar esta característica que poseía; la de observar y analizar diferentes especímenes. Algo que para muchos no tendría importancia, él transformó la forma de ver el mundo a través de la biología.

Nube Roja, líder de los lakota o sioux, siempre con una fortaleza inquebrantable luchando por defender a su gente.

*«Que mis enemigos sean fuertes y bravos,*
*para no sentir remordimiento al derrotarlos».*

PROVERBIO SIOUX

Henry Ford, quien utilizó cada fracaso, como un maestro que lo guiaba cada vez a estar más cerca de sus objetivos.

Marie Curie, quien gracias a su fortaleza, logró vencer todos los obstáculos impuestos a las mujeres que querían superarse, logrando algo histórico, ser la primera persona en recibir dos premios Nobel.

Albert Einstein, aun ocupando uno de los últimos lugares en su clase, jamás se rindió a la idea de que podría crear y descubrir algo grande.

Michael Jordan, quien desde pequeño tuvo hambre de triunfo, lo que lo llevó a ser uno de los deportistas más exitosos en la historia.

Steve Jobs, quien tenía una idea y no descansaba hasta que se hiciera tal como él lo imaginaba.

¿Qué era lo que impulsaba a cada uno de estos personajes a seguir y seguir para llegar a lo más alto?, ¿qué los hacía mantenerse en curso?, ¿cómo pudieron enfrentar todos los obstáculos, todas las dificultades, soportar todo tipo de rechazo y críticas? Y a pesar de que caían, ninguno se quedó en el suelo, ¡todos se levantaron!, ¡todos retomaron su camino!, su idea, su sueño, y nada ni nadie pudo detenerlos.

Pero ¿cuál es esta gran característica que todos ellos poseen, y que tienen en común con uno de los animales más poderosos?...

## EL TIBURÓN BLANCO

El Tiburón Blanco, considerado como «el rey de los océanos», quien siguiendo la teoría de la selección natural de Charles Darwin «siempre el más apto sobrevive», ha logrado subsistir desde el cretácico, hace más de 100 millones de años, gracias a sus cualidades como gran cazador, la increíble velocidad que puede alcanzar en el agua, la flexibilidad de su metabolismo adaptándose a diferentes temperaturas, la composición de su piel, la cual repele todo tipo de bacterias, esto y otras particularidades lo han hecho imparable.

El Tiburón Blanco se caracteriza por estar en constante movimiento, ya que si deja de avanzar, se hunde y muere... **esta necesidad natural de mantenerse siempre en movimiento, es la misma característica que comparten todos los personajes mencionados anteriormente, ya que de igual forma, en la vida; si tú dejas de avanzar, si piensas demasiado tu siguiente paso, o si desistes de luchar y te vences a los obstáculos que esta te presenta, inevitablemente terminarás hundiéndote.** Es por esto que, en todo lo que hagas, en todo lo que te propongas, debes mantener siempre esa **Mentalidad De Tiburón.**

Esta característica que poseen tanto el TIBURÓN como todos los personajes que te mencioné, y muchos más que lograron, y logran, todo lo que se proponen, quizás parecería ser algo con lo que nacieron, como un don, como si hubieran sido elegidos para esa tarea, y la realidad es que todos ellos son iguales a ti y a mí, pero descubrieron cómo potenciar al máximo esta mentalidad imparable, esa **Mentalidad De Tiburón.**

En este libro te compartiré cómo liberar e incrementar esa potencia mental que ya existe en tu interior y que quizá aún no has descubierto por completo. La palabra **POTENCIA** viene del latín *potentia* que significa poder, fuerza; siendo esta, la capacidad de producir un efecto, el poder para impulsar un cambio o llegar a ser algo distinto, esto es lo que esa potencia generará en tu vida, pero esto dependerá mucho de ti, tendrás que ir avanzando por cada una de las Leyes de este sistema, hasta llegar a la 13ª, para que con todas estas, le des forma a esa llave que te permitirá liberar todo tu potencial al máximo. Cuando esto suceda y descubras esta mentalidad que siempre ha estado dentro de ti... **¡prepárate!, porque a partir de ese momento serás imparable, y es cuando disfrutarás de todas las áreas de tu vida al máximo.**

Lo que voy a compartirte en este libro, es un sistema que he desarrollado a lo largo de varios años, investigando a fondo por qué existe gente que tiene éxito y gente que no lo tiene, por qué hay gente que disfruta de su vida y gente que se la pasa quejándose de ella. Estas preguntas son las que me motivaron a desarrollar este sistema, con la finalidad de que más personas puedan alcanzar sus objetivos.

Este sistema es como cualquier herramienta, yo lo pongo en tus manos, pero para que realmente funcione, solamente dependerá de ti.

Como todo sistema, tiene pasos a seguir, leyes a seguir, y este consta de 13 LEYES, las cuales te permitirán descubrir, liberar y potenciar esa Mentalidad De Tiburón que hay dentro de ti, para que cuando tomes la decisión de lograr algo, de innovar, de crear, de construir, nada ni nadie te detenga y consigas lo que quieres, convirtiéndote al igual que algunos ejemplos de la historia, en esa persona que puede transformar para bien el rumbo de su vida y de este mundo.

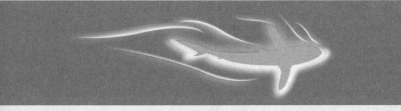

Antes de seguir, quiero pedirte que reconsideres si realmente quieres tener éxito y disfrutar más tu vida. Hay dos opciones: si la respuesta es no, cierra este libro y dáselo a otra persona; si la respuesta es sí, sigue leyendo, abre tu mente, asimila cada palabra y llévala a la acción.

# PREFACIO

## ¡Deja de buscar pretextos!

D eja de ver a través de la ventana y mejor ve en el espejo, aprende a conocerte, saber ¿quién eres?, ¿dónde estás parado?, ¿qué es lo que verdaderamente quieres de tu vida?, ¿a dónde quieres llegar?...

¡No lo que te han dicho!, no lo que te han impuesto, sino lo que tú amas.

Vida: un camino en el que solamente pocos son los que llegan a la cima.

Siempre escuchamos a la gente decir: quiero ser el mejor, quiero ser la más rápida, quiero ser el más fuerte, quiero tener un título, quiero tener una empresa, quiero lograr esto, quiero lograr lo otro, siempre... quiero, quiero, quiero... Pero ¿cuántas de esas personas realmente están dispuestas a soportar todo? Sentir miedo, sentir dolor, tristeza, cansancio, sentirse solos, arriesgarse.

Cuando la vida te golpee... y te azote con toda la fuerza al suelo... ¡vas a gritar!... pero antes de que termine este grito, ¡estarás de pie, listo!... y con mucha más potencia para soportar todas las veces que la vida quiera tirarte, levantándote una y otra y otra y otra vez, porque decidiste ser de los pocos que llegarán a lo más alto, de los pocos a los que se les recuerda, quienes convierten un nombre común en algo inmortal, quienes crean, quienes construyen, de los únicos que dejarán una huella tan grande; que la gente querrá caminar dentro de ella, tan solo para vivir un poco de ese cambio que hiciste en el mundo.

Cuando decides ir tras tus sueños, debes estar preparado para enfrentar el rechazo, la desaprobación, falta de apoyo de la gente; de familiares, amigos, de hecho comenzarás a perder muchas relaciones en este camino, porque serás distinto, entrarás a otro nivel, serás de otra categoría.

Esta falta de apoyo no te detendrá, al contrario, ¡esto te motivará cada vez más!, porque tú eres el único que confía en ti al 100%, y si tú confías en ti... ¡nada podrá detenerte!

Debes seguir adelante, porque el éxito está en arriesgar todo... por un sueño que nadie puede ver más que tú... y **ese enfoque hacia tus objetivos es lo que te hará imparable.**

Debido al dolor no todos triunfan, el dolor es el límite para los que nunca van a lograr nada en la vida. ¿Quieres más de lo que tienes ahora?... ¡Ve y destruye esa barrera de cansancio y dolor!, porque... ¿sabes qué hay del otro lado?... ¡TUS SUEÑOS!

Todo lo que has deseado está allá, pero tienes que ser lo suficientemente valiente, para enfrentar ese infierno del cual solo pocos salen y llegan a ver la luz del éxito, y debes tener bien claro que el éxito no es un objetivo, no es una meta, es un estilo de vida.

Hoy te reto a que confíes en ti, te reto a que abras los ojos y te des cuenta de que tienes toda la capacidad para lograr lo que te propongas, te reto a que desarrolles hambre de triunfo, hambre de ser alguien diferente, alguien que siente una gran seguridad, impulsado y protegido por un ejército enorme, un ejército que se llama... **destino.**

Convéncete, ¡ERES ÚNICO!, y estás destinado a lograr algo grande, ¡algo extraordinario!, convéncete, y no permitas que nada ni nadie detenga la potencia que tienes para lograr tus sueños, la potencia que hay en tu mente...

¡Porque no existe nadie como TÚ!

**EMPIEZA... ¡HOY MISMO!**

# LEY 0

ENTENDERÁS Y EJECUTARÁS
LA MARAVILLA DEL MOVIMIENTO

Mentalidad De Tiburón

Existe una LEY universal, la cual se gesta desde la antigua Mesopotamia con la observación del movimiento de la luna y el sol, pasando por los egipcios, analizando los movimientos de estrellas, incluso de los planetas, así como también con Tales de Mileto quien observaba el agua y su movimiento como una de sus principales teorías de la vida y de la creación del todo, pasando por Galileo en esa observación en donde todos los cuerpos durante una caída se movían con la misma aceleración. Para que años posteriores, con toda esta información Newton lograra establecer las LEYES del movimiento, y retomando el cúmulo de todo este conocimiento antiguo, logró llegar a su TERCERA LEY, la cual dice… «A toda acción hay una reacción igual y contraria». Lo que nos dice que al realizar cualquier movimiento siempre existirá una reacción opositora, lo cual no significa que detenga el movimiento, sino todo lo contrario, si esa acción se hace implementando una fuerza positiva mayor, siempre se logrará un movimiento.

Lo que en resumidas cuentas, nos hace entender que el movimiento constante, con una fuerza positiva, siempre traerá consigo un resultado, el resultado dependerá de que tanto movimiento constante puedas implementar y con qué magnitud sea esa fuerza, a pesar de los obstáculos y de las dificultades que se presenten en la vida.

*«El Tiburón Blanco es el ejemplo claro de todo lo que sucede en el universo, no hay nada que permanezca estático. El tiburón tiene registrado en su ADN esta forma de supervivencia, JAMÁS DETENERSE, mantenerse SIEMPRE EN MOVIMIENTO».*

MANUEL SOTOMAYOR

El movimiento como un concepto natural. Cuando nos hacemos esta pregunta...

*¿Por qué hay un grupo de personas que logran conseguir lo que se proponen y por qué hay otro que no lo logra?*

¿Qué elegirías como respuesta?... suerte, talentos, cualidades, habilidades... definitivamente se requieren algunos de estos, pero sin la palabra MOVIMIENTO no podrían surgir, entrenarse o perfeccionarse, el movimiento tiene un poder muy importante, pero regularmente dejamos esta palabra de lado, y nos enfocamos en otros aspectos, cuando esta, siempre estará en todo el proceso, desde el inicio hasta la culminación de todo lo que queramos hacer.

## El movimiento en el UNIVERSO:

Cuando analizamos que todo aquello que está a nuestro alrededor, incluso desde el universo, nos damos cuenta que desde las estrellas, planetas, hasta las galaxias, todo está en constante movimiento, todo esto permite que el sol y la luna puedan brindarnos esa energía para poder vivir y disfrutar de toda la naturaleza.

## El movimiento en el PLANETA:

Este no se detiene, siempre se mueve, tanto en la rotación como en la traslación, siguiendo un patrón de movimiento que permite la luz y oscuridad, el calor y el frío, siendo factores para la creación de la vida en el Planeta Tierra.

## El movimiento en la SOCIDEDAD:

Desde el inicio del ser humano, el movimiento fue clave para el desarrollo de lo que hoy son todos los países, todo inició con los nómadas, cuando tomaron la decisión de explorar, de arriesgarse y de buscar nuevas tierras y alimento, lo que permitió la expansión de la civilización en los diferentes continentes. En la actualidad, el movimiento tanto económico como social es el que permite que todo funcione, ya que de cierta forma todos estamos interconectados, ya sea con alguna actividad o algún servicio. Hoy en día después de lo que el mundo vivió durante la pandemia del 2020, todos podemos estar muy conscientes de lo que la falta de movimiento puede provocar.

## El movimiento en el CUERPO

Una de las maravillas más complejas y perfectas que existen, el cuerpo humano, el cual funciona con base en el movimiento, desde el corazón, el flujo sanguíneo que recorre por las venas, hasta los órganos y la piel están en movimiento, hay dos actores que nos demuestran que a pesar de que cuando descansamos o dormimos, ellos siguen trabajando, no paran... son el cerebro y el corazón, aun en reposo cada uno sigue haciendo su labor, el corazón de bombear sangre y por ende oxígeno, para que todos los demás órganos sigan funcionando, hasta el cerebro el cual en el momento del sueño, realiza una de las funciones más importantes para nuestra salud, la limpieza de él mismo, para protegerse de toxinas y células que puedan afectarlo, de esto te hablare más a fondo en la segunda parte de este Sistema en el siguiente libro en la LEY 21.

Con esto podemos darnos cuenta, cómo de forma automatizada nuestro cuerpo utiliza el movimiento para mantenernos vivos, y al igual que en todos los procesos que te mencioné anteriormente, con esto podemos ir entendiendo, cómo es que el movimiento es algo natural que está en todo momento, pero... ¿por qué si es así?, hay ocasiones en las que nosotros mismos, vamos en contra de esta naturaleza, como es en el caso del cuerpo, no todos buscan ayudarle al cuerpo a realizar su labor... ¿Cómo le ayudamos? Con movimiento, con actividad física, con ejercicio, en este libro aprenderás a desarrollar esa voluntad para lograrlo y que ninguna excusa o placer momentáneo pueda desviarte de ayudarle a tu cuerpo, porque cuando logramos comprender que movernos nos ayudará en muchos aspectos, nuestro nivel mental, emocional y físico cambia, en las siguientes hojas te iras dando cuenta a lo que me refiero.

## El movimiento en los ÁTOMOS:

Después de hablar un poco del cuerpo humano, de los órganos y llegando a los tejidos musculares, pasando por las células, moléculas y hasta los átomos, aquí es justo en donde comienza algo sumamente interesante, cada átomo tiene electrones a su alrededor, los cuales están todo el tiempo en movimiento, y en el interior del átomo están los protones y neutrones, quienes a su vez se componen de cuarks vinculados por gluones, los cuales se convierten en mediadores de la interacción de energía al igual que los fotones, siendo parte de las partículas más pequeñas que existen en el universo, las que finalmente se puede decir que son energía, y al existir energía siempre hay movimiento.

Quizá en estos puntos te puedas preguntar... ¿De qué me servirá conocer toda esta información?, ¿Cómo es que me ayudará esto en la vida y cómo podré conseguir mis objetivos?

Al tener un panorama más amplio sobre lo que significa el movimiento, y cómo es que estos procesos están presentes en todo momento, incluso en esa energía en las partículas más pequeñas, podemos comprender que el movimiento no solo es algo natural que está ahí, sino que mantenerlo se convierte en una fuerte responsabilidad en la vida.

Sé que existirán ocasiones en donde se requerirá realizar una pausa, algún descanso, tomar un respiro para analizar las cosas, encontrar soluciones y seguir avanzando. (Esto lo tocaré de forma más profunda en la LEY 10). Pero sin duda alguna el movimiento debe ser parte de tu vida.

## El movimiento para el logro de TUS OBJETIVOS

Estás a punto de comenzar por un camino de hojas y letras, que te guiarán para encontrar esa POTENCIA INTERIOR para comenzar con el movimiento hacia tus sueños, hacia eso que quieres lograr, pero debes tener muy claro que este trayecto será un trayecto complejo pero emocionante, en el cual descubrirás aspectos de ti que quizá estaban guardados y otros los potenciarás, pero para poder liberarlos tendrás que utilizar el MOVIMIENTO en todo momento y quiero explicar esto un poco más, para que quede muy claro...

# EL MOVIMIENTO COMO TU ALIADO

Para el Tiburón Blanco el movimiento no solo es su principal aliado, sino es quien lo mantiene con vida, para el ser humano es muy similar pero es un poco más complejo, porque a diferencia del Tiburón Blanco nosotros podemos tomar la decisión de avanzar o de detenernos, y aquí es en donde esto se vuelve más interesante, porque entran otros factores tanto emocionales como psicológicos, que en ocasiones desconocemos y nadie nos dice cuál es el camino correcto o cómo podemos lograr dominar estos factores, para que cuando se presenten situaciones críticas en la vida, esto no nos detenga.

En ocasiones, erróneamente pensamos que para poder comenzar con algo, para logar metas grandes o simplemente para desarrollarnos como personas y poder brillar, debemos tener una vida en perfecta, llena de recursos en todos los aspectos y este es uno de los principales errores, debemos entender que el ser humano para poder encontrar su verdadera esencia y potenciar al máximo su mentalidad, debe ser capaz de pasar y conocer los caminos más oscuros, los momentos más tristes, rupturas amorosas, pérdidas de personas, de relaciones, de negocios, de trabajos, cuando una persona vive en carne propia el dolor, ese es el momento preciso para seguir avanzando, para seguir moviéndose, porque aquellos que lograrán pasar por ese túnel de oscuridad emocional, física o mental, y logran impulsarse a sí mismos para seguir avanzando y comenzar a ver poco a poco esa luz al otro lado, son quienes lograrán conocer ese resplandor completo, que demuestra esa sabiduría, esa fortaleza mental y física que están adquiriendo, al haber pasado por ese túnel, porque en la vida se necesita de esta dualidad, pero por lo regular las personas huyen de la oscuridad, huyen de las dificulta-des, huyen del dolor, pero sin cada uno de estos, no podríamos cre-cer ni desarrollar esa MENTALIDAD INDESTRUCTIBLE, cada una de estas situaciones que lastiman, realmente es el inicio de la sabidu-ría y la sabiduría te permitirá analizar cada uno de tus pasos, para sacar el mayor provecho para tu vida, creciendo en esos aspectos en los que te estés enfrentando, y cuando es así es porque la vida te está entrenando para algo mejor, para algo más grande, siempre y cuando seas capaz de entenderlo, aceptarlo y seguir SIEMPRE EN MOVIMIENTO

No podría existir la luz sin la oscuridad.

No podría existir la sabiduría sin la ignorancia.

No podría existir la fortaleza sin la debilidad.

No podría existir la felicidad sin la tristeza.

No podría existir el placer sin el dolor.

Esta dualidad es parte de la vida, y cuando comprendemos que todo lo que sucede, es lo que nos permitirá decidir si queremos quedarnos ahí en la oscuridad o buscamos seguir moviéndonos para llegar del otro lado del túnel, cuando aparezcan nuevamen-te esos momentos de oscuridad, entendamos que es parte del ca-mino y al haber estado ahí, cada vez será mucho más fácil salir y seguir avanzando, haciendo parte natural de nuestro ADN el mo-vimiento, sin importar por lo que estemos pasando, ya que cada situación que llega, tiene una finalidad y nosotros tomaremos la decisión, si la usamos a nuestro favor o permitimos que nos tum-be, indiscutiblemente existirán algunas de estas situaciones que logren hacerlo, pero entre más situaciones enfrentemos y nos levantemos una y otra vez es cuando ya quedará registrado en nuestra mente, esa MENTALIDAD DE TIBURÓN que no se detiene ante nada, ni nadie.

> «La felicidad es beneficiosa para el cuerpo, pero es el dolor
> el que desarrolla los poderes de la mente»
>
> **MARCEL PROUST**
> Novelista francés. Considerado uno de los más
> grandes escritores de la novela psicológica (1871-1922).

# EL MOVIMIENTO EN LOS PENSAMIENTOS LLEVADOS A LA ACCIÓN

Cualquier pensamiento que tengas, cualquiera... sea algo positivo o algo negativo, este provocará en ti una emoción, que producirá ciertas sustancias químicas en tu cuerpo generando una energía, la que a su vez se trasformará en acción o inacción, este proceso es algo muy sencillo de entender, pero tal parece que no todos le damos la importancia que debería y no nos damos cuenta del impulso positivo o el daño, que nosotros mismos podemos generar con los pensamientos.

Precisamente es por esto la gran importancia del factor psicológico: Los pensamientos son una de las herramientas más poderosas que existen, los pensamientos son el inicio de todo, todo lo que ha sido creado por el ser humano, tuvo origen en un pensamiento, en un sueño, un objetivo, en una meta. Cuando somos pequeños no existen límites para nuestra imaginación, tenemos una mentalidad abierta, lista para desarrollarse o también... para limitarse. En esta etapa nuestra mente absorberá gran parte de lo que se presente y conforme va avanzando la vida, la percepción de cómo vemos las cosas, se irá modificando acorde a las vivencias que vamos teniendo, las personas con las que convivimos, situaciones a las que nos enfrentemos, de esta forma nuestra percepción de lo que podemos lograr o lo que nos limita, se irá fortaleciendo de igual manera. Es por esto que las palabras, las vivencias y los pensamientos que tenemos cuando somos niños son sumamente importantes, pero aquí viene lo mejor y lo más emocionante de este factor psicológico... Sin importar lo que hayas vivido en tus años anteriores, tu mente tiene una gran plasticidad neuronal y por ende puedes modificar esas ideas del pasado y esa percepción que has tenido hasta el día de hoy. Cuando logras identificar esta habilidad que tu cerebro tiene, te das cuenta del poder que tienen tus pensamientos... y ¡TÚ ELIGES! si quieres que sean positivos... o afectar tu bienestar y tus resultados con pensamientos negativos. ¡Esto, ya es decisión tuya!

Este es el primer paso para comenzar con el movimiento, activar en tu mente a lo que llamo PENSAMIENTO DE PODER, un pensamiento de poder es aquello que siempre has querido lograr, aquello que de solo pensarlo ¡te emociona!, es eso que cuando vas a dormir no te deja ni descansar, por estar pensando en eso que quieres. Todos hemos tenido ese pensamiento de poder, y si no lo has identificado, a lo largo de este sistema irás entendiendo los elementos para encontrarlo en tu interior, ¡porque te aseguro que ahí está!, y lo mejor de esto es que te darás cuenta que en tu mente y tu interior, ¡no hay límites!

Recuerda que el verdadero juego comienza cuando trabajas para hacer realidad ese pensamiento de poder, el cual irás desarrollando o fortaleciendo durante esta lectura.

Parte del movimiento también es el factor emocional: este factor es fundamental para ayudarte a alcanzar un objetivo. ¿De qué forma? y ¿Cómo es que las emociones pueden ayudarte?

Las emociones tienen un papel fundamental en nuestro organismo y es el de TRANSMITIR ENERGÍA A NUESTRO CUERPO, para que este pueda ejecutar una conducta o acción dependiendo del estímulo externo o interno que se presente. Lo primero que tenemos que saber es, diferenciar una emoción y un sentimiento, y la forma más sencilla de entenderlo, es por la duración e intensidad que pueden tener cada uno, la emoción tiene una duración más corta y la intensidad es mayor, por esto mismo es muy fácil identificar una emoción a diferencia de un sentimiento. Existen 6 emociones básicas que se han mencionado a lo largo de la historia de la psicología: alegría, enojo, asco, tristeza, miedo y sorpresa.

Lo interesante de la emoción, es que al vivirlas y repetirlas constantemente, nuestro cerebro genera una autopercepción, que se traduce en un sentimiento, el cual es un poco más complejo de identificar porque la intensidad no es tan fuerte como la de una emoción, pero su duración es más prolongada.

Con este pequeño esquema podemos entenderlo mejor...

Un pensamiento de poder genera EMOCIÓN, la emoción en repetidas ocasiones, genera un SENTIMIENTO, al generar un SENTIMIENTO POSTIVO por lo que haces, generas PASIÓN y la pasión genera ACCIÓN, cuando eres capaz de controlar este ESQUEMA MENTAL, es cuando nada ni nadie podrá detenerte cuando elijas ese PENSAMIENTO DE PODER.

En la siguiente LEY iniciarás en este camino hacia el interior, para lograr potenciar tanto estos pensamientos, como la acción para ejecutar esos planes y transformarlos en una realidad.

Las emociones nos mueven y nos motivan a la acción.

Crea en tu mente esas emociones y mantente

**SIEMPRE EN MOVIMIENTO.**

# POTENCIA

Con esa **potencia** que inicia en tus pensamientos, una potencia que te impulsará a la acción y esa potencia será quien te mantenga en movimiento, cada vez que se presenten obstáculos, situaciones difíciles, entrenamientos fuertes, cuando estés practicando y sientas que ya no puedes, hoy es momento de recorrer estas letras para que sigan alimentando esa **potencia** que hay en tu interior, la cual a partir de este momento hará una gran diferencia en tu vida, porque las cosas no llegan por casualidad y si hoy compartiremos este viaje a través de este libro y el que sigue, es por una razón muy valiosa.

Prepárate para conocer, entender y liberar toda tu potencia interior.

*«La **potencia** que hay en tu interior es mucho más fuerte que cualquier obstáculo que la vida te presente».*

**CONFUCIO**
Político chino (552-479 a. C.)
Considerado uno de los más grandes filósofos.
Fundador del confucianismo, doctrina moral y espiritual.

# LEY 1

APRENDERÁS A CONOCERTE
DÍA CON DÍA, PARA IDENTIFICAR
PERFECTAMENTE
CÓMO FUNCIONAS

Mentalidad De Tiburón

El éxito de cualquier persona radica, en qué tan capaz es de entender, controlar y desarrollar su autoconocimiento.

Entre más grande sea el conocimiento sobre tu persona, como lo son tus talentos, habilidades, sentimientos, lo que te apasiona, incluso tus debilidades... al identificar claramente todo esto, tu capacidad mental se incrementará cada vez más y podrás reaccionar, planear y generar estrategias de vida de una forma más inteligente y positiva.

Porque, en este mundo, existirán muchas cosas que no podrás controlar, como los factores externos: gente, clima, situaciones inesperadas... pero hay algo que sí tienes el poder de manejar, esto es, cómo te afectan y cómo reaccionas ante esos factores externos.

*«Hombre que domina al hombre es admirable, hombre que se domina a sí mismo es invencible».*

FRIEDRICH NIETZSCHE
Escritor, poeta, filósofo y músico alemán.
Uno de los pensadores más influyentes del siglo xix.

A lo largo de nuestra vida conoceremos gente que nos enseñará partes fundamentales para vivir y desarrollarnos, cuando somos pequeños, pasamos por la escuela, por diferentes clases, entrenamientos, maestros que nos van enseñando desde cómo hacer una suma, una resta, conocer parte de la historia, pasando por la física, química, y muchos otros conocimientos.

Al combinar esto con las vivencias y enseñanzas del día a día de nuestra familia o nuestros más allegados, esto será una parte muy importante de lo que formará nuestra esencia como personas; pero aquí hay algo realmente interesante, esto es, que tú... sin importar de dónde vengas, sin importar lo que tengas, tienes el poder de decidir hasta dónde quieres llegar.

Una de las principales características de los más grandes conquistadores y creadores de la historia en el mundo es que han desarrollado una capacidad para saber qué es lo que quieren, hacia dónde se dirigen, por qué lo están haciendo y cómo lo van a lograr. Cuando logres tener en tu mente todo esto tan claro, es cuando te convertirás en alguien imparable, pero para lograrlo hay un primer paso, este es, descubrir la llave, una llave tan importante que al irle dando forma con cada una de las Leyes te ayudará a abrir todas las puertas que quieras, con la que podrás cambiar el rumbo de toda tu vida.

Esta llave está dentro de ti y tiene un nombre… **«aprender a conocerse»**, realmente suena fácil, cualquiera podría decir: «eso es sencillo… aprender a conocerte… tener un pleno control de tu persona es fácil», lo cual es completamente erróneo.

La situación es que ni en la escuela ni en nuestra casa nos enseñan cómo conocernos a nosotros mismos, nadie nos enseña a obtener esta llave, nadie nos dice cómo encontrarla, cómo descubrirla. La gran mayoría de las personas dejan esta responsabilidad al tiempo… ¡y sí!, el tiempo y las experiencias te acercarán cada vez más a esta llave (autoconocimiento), lo lamentable es que hay personas que nunca llegan a encontrarla. Pero con este sistema tú puedes acelerar este proceso y ganarle al tiempo; indiscutiblemente habrá puertas que solo las experiencias te permitirán abrir, pero con esta llave en tus manos **(aprendiendo a conocerte)**, el proceso será mucho más rápido y divertido.

Esta es una de las grandes diferencias entre los que alcanzan lo que quieren, y los que se quedan en el camino solamente deseando; entre los que disfrutan su vida, y los que se la pasan quejándose de ella. Porque recuerda y analiza cuántas veces ni siquiera tenemos idea de qué es lo que nos está sucediendo, o qué es lo que sentimos en ciertas situaciones, esto no quiere decir que esté mal, lo que pasa es que nadie nos ha dicho, nadie nos ha enseñado que a la primera persona a la que tenemos que conocer es a nosotros mismos.

Tales de Mileto, quien fue uno de los primeros impulsores de la investigación científica en Grecia decía: «Lo más difícil del mundo es conocerse a uno mismo».

## CONOCERSE A UNO MISMO ES

Saber cuándo estás contento, ¿por qué lo estás?, cuando estás triste o preocupado, identificar ¿qué es lo que te está pasando?, cuándo te enojas, cuándo te estresas, cuándo sientes miedo, o cuándo en algún momento estás nervioso; conocerse es saber perfectamente qué es lo que está causando que tengas ese estado de ánimo.

Hay algo muy importante en esta vida, y es que nadie puede controlar las circunstancias externas, todo lo que pasa a nuestro alrededor, pero hay algo que sí tienes la capacidad de controlar perfectamente, esto es, cómo te afectan esas circunstancias, ya que tú eres quien decide si vas a permitir que te causen molestia, enojo, que te den risa, que te alegren o incluso si es algo aparentemente malo, aprender a asimilarlo, entenderlo y vivirlo de una manera positiva, ese es el gran poder que tiene tu mente... pero por lo regular, lo primero que hacemos es ceder ese poder a las circunstancias o a personas que no valen la pena, dejando que influyan en nosotros y en nuestra vida, ¡y tiene que ser todo lo contrario!, ¡ese poder es tuyo!, tú eres quien va a dominar, al decidir si te afectan o no y cómo responderás a estos factores externos.

El cantante 50 Cent, quien se inició en la calle escribiendo música, después se convirtió en cantante, de cantante a productor, de productor a empresario, y quien hoy en día es uno de los empresarios más exitosos de EUA, siempre se ha caracterizado por poseer una mentalidad muy fuerte. Él decía:

«Todo lo malo tiene algo positivo, todo lo malo que me pasa lo convierto en bueno, esto significa que nada puede afectarme».

Desde la Antigüedad el autoconocimiento ha sido un tema fundamental, el cual impulsó a los más grandes filósofos griegos a darse cuenta de la importancia de conocerse a uno mismo.

Sócrates, considerado uno de los más grandes filósofos en la historia, tenía un grupo de discípulos a los cuales les transmitía su conocimiento. Entre sus pupilos se encontraba Platón, él y los demás le hacían preguntas a Sócrates, de cómo podían encontrar las respuestas al sentido de la vida, desde: ¿por qué estamos aquí?, ¿cuál es la finalidad de estar en el mundo?, hasta ¿por qué llueve?, ¿por qué sale el sol?, una serie de preguntas que ayudarían a la sociedad a entender mejor el entorno, pero en el momento en que esos discípulos comenzaban a preguntarle todo esto a Sócrates, él de inmediato les contestaba lo mismo a cada uno, les decía: «Vayan al templo de Apolo en Delfos y ahí encontrarán la respuesta».

La mayoría de los alumnos se quedaban desconcertados y enseguida iban a visitar ese templo. Para sorpresa de ellos, Sócrates hábilmente, mandó grabar en la entrada del templo, la frase **«Conócete a ti mismo»** (γνῶθι σεαυτόν), esa era la respuesta que quería transmitirles; si estás buscando respuestas externas, lo primero que tienes que hacer es conocerte. Cuando te conoces es cuando tienes una mayor capacidad para entender el exterior y el entorno que te rodea. Él sabía que esta era la clave de todo, empezar con uno mismo, esa era una de las lecciones más importantes que Sócrates compartía con su gente.

Quise compartirte esta anécdota de quien es considerado como uno de los filósofos más sabios de la historia, porque con esto te puedes dar cuenta, que el autoconocimiento es la llave para lograr cualquier objetivo que te propongas, pero esto va mucho más allá de lo que parece, no solo es... ¡ya me conozco y listo! Este es un proceso que dura toda la vida, pero lo interesante es que cuando aprendes a disfrutar este proceso, transformará por completo cómo te ves a ti mismo, cómo ves a la gente y cómo ves tu entorno, esto te permitirá ir un paso más adelante de cualquier otra persona, y lo más importante, te dará una gran ventaja ante tu contrincante más fuerte... ¡TÚ! En el momento en que tengas la capacidad de analizar cuáles son tus áreas de oportunidad, cuáles son tus talentos, qué quieres modificar, qué valores puedes agregar a tu persona para ser cada vez mejor, te darás cuenta que puedes hacer posible cualquier cosa que quieras, pero tienes que estar preparado, porque esto en algunas ocasiones te costará trabajo, esto solo dependerá de ti, de controlar tus emociones, tus sentimientos y seguir en este camino, en este proceso para convertirte en el mejor TÚ que puede existir.

Esta competencia solamente es contigo, nadie más, aquí no existen las comparaciones, ¿quieres compararte? Revisa quién eras ayer, para que hoy superes a esa persona. Cuando sabes perfectamente que la competencia es contigo, esto te permite estar bien con los demás, y por ende, podrás tener un mejor control de cómo reaccionas ante todos esos factores externos.

Conforme vayas avanzando en la lectura, durante cada una de las siguientes Leyes, encontrarás una respuesta a algo que has estado buscando en ti que quizás no habías encontrado, y que siempre ha existido en tu interior.

# ¿CÓMO CONOCERME?

## 3 estrategias

### 1ª DARNOS UN TIEMPO PARA PENSAR Y ANALIZAR

En la actualidad, el tiempo es uno de los recursos no renovables más preciados que existen y tienes que aprovecharlo al máximo, porque con el ritmo de vida que llevamos es difícil, ¡mas no imposible!; normalmente siempre nos damos tiempo para todo... para los amigos, el trabajo, el entrenamiento, para la novia o novio, para la diversión... pero, ¿cuántas veces destinas tiempo a la persona más importante? Y, ¿quién es esa persona?... ¡TÚ!

Por lo regular cuando no estamos bien, cuando algo nos preocupa o estamos tristes, ¿sabes qué es lo que hacemos inconscientemente?... Buscar distracciones: cada uno de nosotros es distinto, buscamos distracciones diferentes, puede ser comida, fiesta, alcohol, cigarro, dormir... sin embargo, ¿por qué cuando algo anda mal en nosotros no nos dedicamos mejor a comer bien, hacer tarea, trabajar en nuestros proyectos, terminar nuestras responsabilidades, algo pendiente que tengamos, o incluso hacer ejercicio?

¿Por qué razón sucede esto?, ¿por qué tenemos una tendencia a la autodestrucción o a la depresión?... Porque normalmente siempre buscamos lo más fácil, lo que aparentemente nos da placer momentáneo, porque esto nos mantiene aunque sea por un momento, alejados de lo que nos está afectando, ¿y sabes por qué hacemos esto?... **Porque ni siquiera sabemos realmente qué es lo que nos está pasando.**

Para entender qué es lo que te está pasando, tienes que buscar momentos en donde puedas estar contigo al 100%, para iniciar un diálogo interno y puedas analizar todo tranquilamente.

## 2ᴬ HACERTE PREGUNTAS

Piensa por un momento... ¿qué es lo primero que hacemos para conocer a alguien? Le hacemos preguntas: ¿cómo te llamas?, ¿cuál es tu comida favorita?, ¿qué color es el que más te gusta?, y conforme queremos conocer más a la persona le vamos haciendo preguntas más profundas. Tenemos que seguir la misma estrategia con nosotros, la de hacernos preguntas: ¿por qué me siento así?, ¿por qué estoy triste?, ¿por qué no tengo ganas?, ¿qué me afectó?, ¿por qué reaccioné así?, ¿estoy contento con lo que hago?, ¿amo mi trabajo?, ¿me llena al 100% lo que estoy haciendo? Tenemos que preguntarnos y analizar profundamente cada cosa que nos sucede, y cómo nos sentimos, porque cuántas veces nos hemos comportado de una forma y después nos damos cuenta que no queremos ser así, y que lo que hicimos o dejamos de hacer está mal. Al hacerte estas preguntas empezarás a entenderte mejor, ¡tienes que volverte experto en saber cómo funcionas!, **recuerda que la comunicación es contigo, todo esto es el inicio del autoconocimiento.**

Quiero ponerte este ejemplo:
Cuando vas de compras y llegas a una tienda de ropa, ves alguna prenda que te gusta, «un saco», entonces ¿qué haces?, te acercas a la persona encargada de esa área y le pides que te traiga un saco talla mediana en color azul, el encargado te contesta: «¡Sí claro!». Tú

sigues viendo la demás ropa, de pronto llega y te dice: «Aquí está». Pero al verlo te das cuenta que es un saco negro talla extragrande... ¡te sacas de onda!, porque eso no fue lo que tú pediste.

Entonces le dices a esta persona: «Discúlpeme pero yo no le pedí este saco, yo le pedí un saco talla mediana en color azul», y esta persona muy amable te dice: «Ok, sí, claro, en un momento se lo traigo», nuevamente tú sigues viendo la ropa y entonces llega con un saco extrachico rosa... te sorprendes y te preguntas ¡¿qué le pasa a esta persona?!

Y justo en ese momento pasa el gerente, y le comentas: «Lamento molestarte, pero uno de tus empleados no me está atendiendo como se debe, he pedido dos veces un saco en talla mediana en azul y me han traído otras cosas».

Si estuviera en ese mismo momento el director o el dueño de la tienda, le presentarías también tu queja, no con el afán de que regañen a la persona, sino para que el gerente, director o dueño se den cuenta de las fallas que están teniendo y puedan corregirlas, porque esa es su responsabilidad y su función, ¿estás de acuerdo?

Ahora me gustaría preguntarte, si algo anda mal en tu vida o no estás logrando lo que quieres, ¿quién sería la primera persona a la que tendrías que presentarle la queja? ¡Claro... a ti! Tú eres la primera persona a la que tienes que preguntarle ¿qué es lo que está pasando?, ¿por qué no has logrado lo que quieres?, lo que te has propuesto, ¿has cumplido todo lo que has dicho?, porque aquí tienes una gran ventaja, tienes línea directa con el dueño, ¡ese dueño eres tú!... Si algo no anda bien, si no estás feliz, pregúntatelo y analiza qué es lo que tienes que hacer para cambiar lo que está pasando y lograr lo que quieres, porque **tú eres el dueño y director general de tu vida... ¡y único responsable!**

Analiza y busca dentro de ti cuáles son tus talentos, cuáles son tus habilidades, porque de esta forma sabrás identificar cuáles son tus fortalezas, y al conocerlas te sentirás más seguro, esto comenzará a elevar cada vez más tu confianza.

Al igual que tienes que buscar y analizar cuáles son tus fortalezas, también tienes que tener esa fuerza y carácter para no engañarte y poder identificar cuáles son tus debilidades, cuáles son tus áreas de oportunidad y en qué puedes trabajar para mejorar. Cuando tienes en tu mente muy claro tanto lo positivo como lo negativo de tu persona podrás conocer perfectamente todo tu ser, para explotar al máximo todas tus habilidades, y así crear tu plan de vida, combinando lo que te apasiona y en lo que eres bueno, de esta forma el margen de error o fracasos disminuirá. (Te hablaré más a fondo de este tema en la LEY 4).

*Todos somos unos genios, pero si juzgas a un pez por su habilidad de escalar un árbol, vivirá toda su vida entera creyendo que es estúpido.*

ALBERT EINSTEIN
Físico y científico alemán.
Premio Nobel de Física (1921).

## 3ª ACCIÓN MASIVA. SEGUIR EN CONSTANTE MOVIMIENTO

Ya que identificaste qué es lo que quieres, qué es lo que quizá te ha detenido, lo que hasta ahora estás haciendo de modo incorrecto, o lo que has dejado de hacer para seguir avanzando hacia tus objetivos, lo siguiente es dar un paso hacia adelante.

Ese primer paso que no todos se atreven a dar, ese pequeño paso, pero que puede transformar para bien toda tu vida, cuando encuentres en ti esa gran fuerza y carácter para darlo, esto te permitirá seguir en movimiento, manteniendo en todo momento una **Mentalidad De Tiburón** para poder formular un plan, para armar estrategias, enfrentar, buscar soluciones, para resolver cualquier problema que se te presente, siguiendo siempre hacia adelante.

¡Todo esto es tomar acción masiva!

*Recuerda que hay tres tipos de personas en el mundo... Las que hacen que las cosas sucedan, las que miran cómo suceden las cosas y las que se preguntan ¿Qué fue lo que sucedió?*

NICHOLAS MURRAY
Político, filósofo y catedrático estadounidense.
Premio Nobel de la Paz (1931).

*¿Qué tipo de persona quieres ser tú?*

# HONESTIDAD

Existirán momentos en los que tendrás que hacer lo que solo muy pocas personas son capaces de lograr: «ser tu propio juez».

Enfrentarte a ti mismo y tener esa fortaleza para analizarte, descubrir y conocer quién eres realmente.

La única forma de lograrlo es siendo **honesto** contigo, después de esto, podrás definir perfectamente qué quieres y a dónde quieres llegar.

*Conócete a ti mismo, conoce el terreno, el clima,*
*al enemigo y podrás librar cien batallas sin correr*
*ningún riesgo de derrota.*

SUN TZU

General, estratega militar y filósofo chino.
Considerado autor de *El arte de la guerra* (IV a.C.).

# LEY 2

SOÑARÁS EN GRANDE
Y CONFIARÁS EN TI MISMO
SIN IMPORTAR LO QUE LA GENTE
OPINE Y PIENSE DE TI

**Mentalidad De Tiburón**

¿Cuántas veces has tenido un sueño?, una idea que sientes que puede llegar a ser grandiosa, ¿cuántas veces has querido expresar algo y no lo has hecho?

¿Cuántas veces te han dicho? Eso no se puede, es muy difícil... Pon los pies sobre la tierra, ¿estás loco?... ¡Sé realista!

¿Y sabes por qué las personas te dicen esto?... Porque ellos no son capaces de soñar en grande, y mucho menos tienen el coraje para luchar, trabajar, esforzarse y defender esos sueños.

*Todos nuestros sueños se pueden convertir en realidad,*
*si tenemos el coraje de perseguirlos.*

**WALT DISNEY**
Actor, guionista, animador, productor y director estadounidense.
Ganador de 32 Premios de la Academia de 1931 a 1968.

**S**oñar en grande.

¿Cuántas veces hemos soñado en hacer algo grande o hacer algo diferente? Pero, ¡no lo decimos ni lo hacemos!... ¿Por qué?

Porque jamás hemos tomado una clase donde alguien nos haya enseñado a soñar, sin embargo, es algo en lo que todos éramos expertos de niños, pero tristemente, en vez de que nuestra capacidad para soñar se incremente conforme van pasando los años, es totalmente todo lo contrario: la capacidad de soñar disminuye cada vez más, pero ¿por qué sucede esto?... Porque vivimos en una sociedad en donde existen muchas personas a las que les molesta la gente diferente, gente que se atreve a ir por sus sueños, gente decidida, gente enfocada, gente que lucha por sus objetivos.

En el camino te encontrarás con muchas personas, que en el momento en que tengas una idea grandiosa, te dirán: «¡eso no se puede!», «¡eso está muy difícil!», «¡estás loco!», «¡eso es irracional!», «¡mejor dedícate a algo más o busca otra cosa!».

Me gustaría que analizaras por un momento qué sería de nuestro mundo sin gente irracional, sin esa gente que luchó por sus ideas, las cuales en aquel momento parecían ideas locas, sueños aparentemente inalcanzables; si no fuera por personas como ellas, este mundo no sería nada de lo que es hoy en día, ¡y sin embargo, estamos aquí!, disfrutando de esas ideas locas, de esas ideas irracionales. Gracias a todo esto es que la tecnología y muchos aspectos de la vida han avanzado impresionantemente; por ejemplo, gracias a los hermanos Wright, por esa idea loca de construir una máquina que pudiera volar; gracias a Thomas Alva Edison, por esa perseverancia y darnos la bombilla eléctrica; a Tim Berners-Lee creador del internet, y a muchos más, quienes tuvieron un sueño, donde nada ni nadie los detuvo para hacerlo realidad. Y así podría seguir y seguir escribiendo ejemplos de sueños que para algunos parecían «imposibles», pero ellos lograron demostrarle a la humanidad que no hay nada imposible.

RECUERDA QUE CUANDO QUIERES LOGRAR ALGO, NO PUEDES PERMITIR QUE EL MUNDO EXTERIOR DETENGA LA POTENCIA QUE HAY EN TU MENTE.

Quisiera compartir contigo una de tantas experiencias que el deporte de la natación me hizo vivir, en donde aprendí que si quieres estar dentro de los mejores del mundo, tienes que seguir y seguir sin importar si te apoyan o no, sin importar cuánta gente quiera detenerte, si pierdes una, dos, tres veces, jamás dejar de moverte hacia adelante, buscando tus propios medios sin esperar nada de nadie.

En mi deporte me gustaba hacer cosas diferentes, desde crear un festejo para que el público pudiera identificarlo como un símbolo de alegría y triunfo, hasta mandar a hacer una bata, como las que utilizan los boxeadores, con la imagen de un tiburón, enmarcada con mi apellido y apodo, sin imaginar que esta imagen y apodo de «Tiburón» no solo se quedaría en la alberca y en mis años como nadador, sino hasta el día de hoy, siendo parte del nombre de mi empresa, en la cual, mi equipo y yo, hemos tenido la satisfacción de transformar la vida de muchas personas, llevando su estilo de vida

a uno más pleno y por ende más exitoso. Esta es mi motivación para seguir adelante, y tú eres parte de ella.

Regresando a la experiencia que te comentaba, la que me hizo entender que cuando tienes un sueño, tú eres el único que puede protegerlo, ¡porque nadie lo hará por ti!, y tienes que hacerlo sin importar lo que la gente opine, en esta fotografía puedes ver la imagen de cómo festejaba cada vez que ganaba una competencia, esto para mí era una forma de compartir la felicidad que sentía, compartir parte de esa alegría con el público, ya que el llegar a ganar significaba meses de esfuerzo, enfoque, dedicación y disciplina por algo que quieres. Por esto cuando llegaba el momento en el que había ganado, y veía el tablero marcando un nuevo récord, de inmediato ponía mi mano sobre la cabeza simulando la aleta de un tiburón, moviendo la cabeza y bailando lleno de felicidad... pero como te lo mencioné anteriormente, cuando alguien hace algo diferente, esto no a todas las personas les agrada, de hecho estos festejos a algunos les molestaba. Lo lamentable es que entre las personas a las que les disgustaba habían algunos directivos y jueces del deporte, quienes tenían la responsabilidad de apoyar en vez de molestarse, ¡pero eso no me importó!, yo sabía que lo que hacía no era malo, porque a diferencia de ellos, a otras personas sí les gustaba este festejo, porque entendían esa felicidad que quería transmitir.

En una ocasión me encontraba en el evento deportivo más importante de mi país, en donde la natación era la que inauguraría este evento con la prueba de los 100 metros libres. Estábamos listos, en la final, los 8 mejores nadadores del país, cada uno frente al banco de salida. El público gritaba y aplaudía cada vez más fuerte, entre ese público se encontraba el gobernador del estado, invitados especiales, prensa y medios de comunicación... De pronto se escucha el silbatazo del juez y todos los gritos comenzaron a disminuir hasta llegar al silencio, conforme el ruido comenzó a bajar, los latidos de mi corazón se incrementaron, y aún más al colocar mi pie en el escalón del banco de salida... El momento por el cual había entrenado, el momento que había visualizado en cada entrenamiento, ese sueño que había estado en mi mente una y otra vez, ese sueño de ganar y festejar como tiburón... Estaba justo a unos segundos de hacerlo realidad... Una vez que ya todos los nadadores estábamos preparados arriba de los bancos, se escucha en todas las bocinas del complejo acuático, ¡¡¡en sus marcas!!!, en ese momento... cuando el silencio predomina... hasta los latidos del corazón se dejan de sentir... solamente concentrado y enfocado, esperando el disparo de salida... ¡¡¡el juez dispara!!!, ¡nos lanzamos al agua a dejar todo!, cuerpo y alma, avanzando segundo a segundo, con toda la fuerza que puedes dar en cada brazada, en cada patada, junto con el coraje y la decisión para lograr llegar antes que todos los demás.

Justo al tocar la placa que marca el tiempo, volteo a ver el tablero... ¡me doy cuenta que gané la competencia!, ¡esos 100 metros libres habían sido míos!, ¡¡¡había cumplido mi objetivo!!! En ese momento puse la mano sobre mi cabeza y comencé a celebrar dentro del agua, simulando la aleta de tiburón, en ese instante comenzaron los flashes de las cámaras... Al salir del agua nuevamente puse mi mano en la cabeza y seguí bailando, ¡feliz!... Posando para las cámaras, emocionado por haber conseguido un objetivo que me había puesto tiempo atrás... Después de bailar, después de ese momento... en donde todo era felicidad, ¡llegó ese golpe que no esperas!... Ya caminando por la orilla de la alberca, con una sonrisa enorme, saludando al público... justo al pasar a un lado del juez en jefe, se me acercó al oído y me dijo, en un tono amenazador: «¡Vuelves a festejar de esa forma y te voy a descalificar de todo el evento!»... mi primera reacción fue sentirme desconcertado, preguntando dentro de mí... «¿por qué?, ¡si no estoy haciendo nada malo!», de inmediato pensé que no tenía ningún caso desgastarme y dar explicaciones a esta persona, me di la vuelta y nuevamente seguí con mi sonrisa, saludando a todos, sintiéndome sumamente contento por lo que había conseguido ese primer día de competencia.

Al día siguiente venía una de mis mejores pruebas y mi favorita, los 100 metros mariposa. Cuando estaba en la final frente al banco de salida... ¡mis ganas de ganar eran tan grandes!... ¡que no iba a dejar que nadie me quitara lo que era mío!, porque esta prueba era por la cual había trabajado y dejado todo en la alberca, en cada entrenamiento, en cada madrugada, enfocado por este objetivo, ganar esta prueba, los 100 metros mariposa, ¡llegó el día! y ¡nuevamente volví a ganar!, sin importarme lo que dijeran, ¡volví a festejar con mi aleta de tiburón!, ¡dentro y fuera del agua!, porque una vez más quería compartir mi felicidad, ya que sabía que si este juez me descalificaba, mucha gente protestaría.

Sin importarme lo que ese juez me había dicho, seguí tras lo mío, tras ese objetivo que me había propuesto... y para mala suerte de él... durante ese evento gané otras dos pruebas, cuatro en total y en todas, bailé y festejé como tiburón ☺.

A partir de esta competencia comencé a toparme con muchas piedras en el camino, pues evento en el que me tocaba competir en mi país, los jueces que él dirigía buscaban descalificarme, ¡y no por festejar!, porque sabían que no podían hacer eso, trataban de encontrar otros pretextos... Aquí es cuando aprendí que hay personas que aun siendo de mi país y sabiendo que lo representaría en el extranjero, en vez de hacer equipo y apoyarme, buscaban detenerme.

Recuerda que en el camino que elijas hacia una meta u objetivos existirá gente a la que le molesta la alegría, el brillo, el éxito de las demás personas, y no por eso debes detenerte, dejar de soñar, de hacer y decir, siempre tienes que seguir adelante por tus sueños, sin importar lo que digan u opinen de ti.

Lo mejor que puedes hacer contra la gente que te quiere detener o quiere verte fracasar, **¡es tener éxito!**, como lo diría el cantante ganador de diversos premios Grammy, actor ganador del Oscar, productor y director, también ganador del premio Humanitario Jean Hersholt, entre otros múltiples premios, Francis Albert Sinatra:

*La mejor venganza es el éxito masivo.*

Recuerda lo que esta Ley dice: **¡sueña en grande!**, no permitas que nada ni nadie, detenga la potencia que tienes en tu mente para lograr, crear, innovar, construir y descubrir.

Quiero citar una frase, de quien ha sido considerado como una de las mentes más grandes que han existido en el mundo.

*Las mentes poderosas, siempre se toparán con*

*la violenta oposición de las mentes mediocres.*

ALBERT EINSTEIN
Físico y científico alemán.
Creador de la teoría de la relatividad general (1915).

Esta frase explica claramente que tienes que estar preparado para enfrentar a las mentes pequeñas, porque siempre que tengas una idea grande, siempre que quieras hacer algo diferente, algo extraordinario, te encontrarás con muchas personas que querrán desalentarte; desde amigos, familiares, novias o novios, incluso tu gente más allegada, muchas veces serán quienes también se opondrán, pero siempre y cuando lo que quieras hacer lo tengas muy claro, sea algo bueno que pueda ayudarte y ayudar a más personas, no puedes ni debes detenerte por lo que digan o piensen los demás.

La segunda parte de esta Ley dice: **confiarás en ti mismo, sin importar lo que la gente opine y piense de ti.**

¿Cuántas veces nos han dicho nuestros profesores, entrenadores, nuestros papás, en el trabajo, cuando vamos hacer un examen, cuando vamos a hacer una presentación, cuando vamos a competir: «Vamos confía en ti»? Pero cuando nos dicen eso... si nos pusieran un espejo enfrente, veríamos una expresión en nuestra cara, entre... sí claro, miedo y ¿ahora cómo le hago?... Porque realmente nadie nos ha enseñado cómo desarrollar esa confianza.

Quiero compartir contigo lo que utilicé para competir con los mejores del mundo en el deporte de la natación, como Michael Phelps, Ryan Lochte, y muchos más, además de sumar las investigaciones que he hecho a lo largo de varios años, acerca de qué es lo que hace la gente más exitosa para alcanzar sus objetivos.

¿Por qué la gran mayoría de las personas no tienen confianza en sí mismas? ¿Cómo se desarrolla la confianza?

## AQUÍ ESTÁN TRES PUNTOS PARA CONFIAR EN UNO MISMO:

### 1. PERDER Y FRACASAR

El perder y fracasar en nuestra sociedad está catalogado como algo malo... Y ese es el primer error, creer que es así, el perder y fracasar muchas veces es lo mejor que nos puede pasar, ¡claro!... siempre y cuando aprendas del error.

*Si fracasas y te vences vas a ser un perdedor,*
*pero si fracasas y aprendes vas a ser un ganador.*
MANUEL SOTOMAYOR

Esta frase va muy de la mano con lo que dice uno de los basquetbolistas más grandes de la historia...

*He fallado más de 9,000 tiros en mi carrera, he perdido alrededor de 300*

*partidos, más de 26 veces me confiaron el tiro ganador, y fallé, he fallado una y*

*otra y otra vez en mi vida... y es por esto que he tenido éxito.*

**MICHAEL JORDAN**
Campeón de baloncesto estadounidense.
Galardonado como el mejor atleta del siglo XX.

Tienes que entender que el perder y fracasar no es algo malo, tienes que quitarte esa idea de la cabeza, esto es lo que muchas veces
golpea a la gran mayoría, fracasan y se caen, es entonces ahí, donde
mueren sueños, proyectos, inventos, se acaban muchas cosas que
tenían un potencial enorme, es por eso que no debes tener miedo a
perder y fracasar, cuando logres tener perfectamente claro esto, tu
nivel mental será cada vez más fuerte y poderoso.

*El fracaso no existe, solo existen resultados, y este no es más que un resultado*

*no esperado que puedes cambiar.*

**TONY ROBBINS**
Escritor y empresario estadounidense.
Motivador #1 en el mundo.

## 2. REÍRSE DE LOS ERRORES

En el camino que elijas deberás aprender a reírte de lo malo, de los
errores que cometas, quizá algunas veces también de tus fracasos,
para poder reírte del miedo, de ese miedo que impide a la mayoría
volver a intentarlo; cuando te liberas de ese miedo a fracasar, ese
miedo a perder, a cometer errores, se esfumará y podrás intentarlo
cuantas veces sea necesario para lograr lo que quieres. (En la Ley 12
te hablaré más a fondo sobre el miedo.)

Recuerdo que cuando perdía alguna competencia, ¿sabes qué es lo que hacía?... ¡reírme! ¿Por qué lo hacía?, porque entre más arriba quieres estar, entre más alto estés llegando, habrá mucha gente que quiera verte fracasar, derrotado y triste, entonces... ¿qué pasa cuando ven que no te afecta el perder? Esa gente se da cuenta que nada puede afectarte y eso te hace invencible ante ellos.

Tómate un momento para analizar esta gráfica:

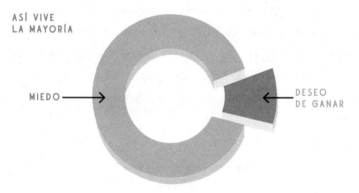

ASÍ VIVE
LA MAYORÍA

MIEDO

DESEO
DE GANAR

La mayoría de las personas vive de esta manera, ¡claro que hay un deseo de ganar!, pero su miedo es enorme. ¿Cuántas veces has escuchado a alguien o hasta a nosotros mismos decir: "Ahora sí voy a ganar", "voy a sacar diez en el examen", "voy a arrancar una empresa", "voy a ganar más dinero"?... Pero el tono de voz con el que lo decimos y la expresión corporal que tenemos, muestra todo lo contrario, muestra que tenemos inseguridad y miedo, entonces, ¿qué es lo que sucede? Este miedo paraliza todo, puede que tengas los conocimientos, puede que tengas las herramientas y los medios, puede que estés listo, pero si no logras controlar ese miedo, ese nerviosismo, tú mismo te seguirás saboteando una y otra vez.

El miedo es lo único que puede detener ese deseo de ganar, y en tus manos está el decidir si lo vas a permitir o no: no dejes que el miedo, el nervosismo, supere lo que quieres hacer, lo que quieres lograr, por lo que has trabajado, por lo que has entrenado. Tienes que controlarlo y transformarlo en esto (analiza la siguiente gráfica):

ASÍ VIVE LA
GENTE DE ÉXITO

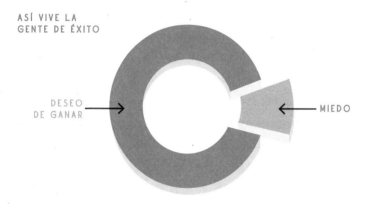

DESEO
DE GANAR → ← MIEDO

Así es como tienes que vivir, así es como viven las personas que alcanzan sus objetivos y logran lo que se proponen.

Quiero compartirte un secreto que me han confirmado varias personas de éxito. Cuando un atleta profesional va a competir, cuando un cantante va a salir al escenario, cuando un empresario va a firmar un contrato, cuando alguien inicia un negocio, ¡todos sienten miedo! Si en algún momento alguien te dice: "Yo no siento miedo", ¡es una mentira!, porque en el caso de un empresario cuando va a iniciar una empresa, está invirtiendo, se está arriesgando; cuando un artista o un deportista, salen al escenario, al estadio, aunque lo hayan hecho miles de veces sienten miedo, pero la diferencia y parte de su éxito es que han logrado controlar y minimizar ese miedo.

¡Mentirá el que diga que no lo ha sentido!

¿Pero qué es lo que hacen estas personas? Primero aceptan ese miedo, no huyen ni lo rechazan, al contrario, lo aceptan, no se engañan y se dan cuenta que sí tienen miedo, pero saben perfectamente que su deseo de ganar es muchísimo más grande, y destrozan ese miedo con ese deseo de ser alguien, ese deseo de triunfar, de hacer algo grandioso.

Cuando vayas tras un objetivo, cuando quieras iniciar, crear, hacer, mejorar en algo, no te preocupes por el miedo, porque todos en algún momento lo sentimos, trabaja para que tus ganas de ganar, tus ganas de ser cada vez mejor, tus ganas de triunfar, sean lo más grande que exista dentro de ti, porque a partir de ese momento el miedo quedará aplastado muy por debajo de ese deseo de ganar, y podrás seguir adelante consiguiendo todo lo que quieras.

*Aprendí que la valentía no es la ausencia de miedo, sino el triunfo sobre el miedo. El hombre valiente no es aquel que no siente miedo, sino aquel que conquista ese miedo.*

**NELSON MANDELA**
Abogado, político y filántropo.
Presidente de Sudáfrica (1994-1999).

## 3. REPROGRAMAR TU MENTE (PNL)

Esto podría parecer complicado, pero en realidad no es así, reprogramar la mente es más fácil de lo que parece, pero antes quiero platicarte rápidamente qué es la Programación Neurolingüística o PNL.

La Programación Neurolingüística nace a mediados de los años setenta, a partir de las investigaciones de Richard Bandler, matemático, programador de sistemas y psicólogo, quien junto con el lingüista John Grinder comenzaron a realizar estudios con algunas de las personas más exitosas de esos años, buscando encontrar la razón por la cual no todos logran vencer los bloqueos mentales para poder alcanzar sus objetivos y vivir una vida plena.

A raíz de estas investigaciones comenzaron a darse cuenta de que los patrones de comunicación verbal y no verbal de las personas de éxito que estaban estudiando eran positivos.

- ***Comunicación verbal:*** se refiere a todo lo que decimos, puede ser vía oral o escrita.
- ***Comunicación no verbal:*** es el lenguaje corporal, nuestras posturas, nuestros movimientos al hablar, nuestros gestos, entre otros.

Richard y John analizaron también que cada vez, cada momento, en que estas personas de éxito se enfrentaban a algún problema o dificultad, su actitud y cómo respondían siempre era de una forma positiva.

A raíz de estos estudios e investigaciones nace la PNL y posteriormente la Design Human Engineering (DHE) o Ingeniería de Diseño Humano, lo cual nos ha dado mucha información y herramientas sobre cómo podemos transformar y mejorar cada vez más nuestra conducta humana.

Ahora… ¿cómo puedes reprogramar tu mente?

Primero tienes que ser completamente honesto contigo, sin engaños, sin mentiras ni pretextos, tienes que estar plenamente convencido de qué es lo quieres programar o reprogramar en tu mente.

Hay algo a lo que se le llama conexiones neuronales, mejor conocido como sinapsis, esto es cuando dos células se conectan mediante una descarga química (neurotransmisores) derivada de un impulso eléctrico, un impulso que nosotros creamos, y ¿cómo lo provocamos?, repitiendo lo que queremos programar, entrenando una y otra vez lo que queremos mejorar en nosotros.

Esto es muy simple, para generar estas sinapsis lo que tienes que hacer es repetir, repetir y repetir de una forma consciente, con enfoque, sintiendo tanto en tu mente como en tu cuerpo cada movimiento, cada expresión, cada cosa que quieras programar, de esta forma lograrás incluir en tu mente un nuevo programa, **cuando logres entender y dominar la plasticidad que tu arquitectura mental tiene**, **esto te dará una ventaja para poder moldear o agregar nuevas aptitudes a tu persona**, lo que te permitirá alcanzar con mayor facilidad cualquier objetivo que te propongas.

*Ganas fuerza, coraje y confianza por cada experiencia en la que realmente dejas de verle la cara al miedo, a partir de esto serás capaz de decirte: «He sobrevivido a este horror y podré enfrentarme a cualquier cosa que venga». Eso que piensas que no puedes hacer, debes hacerlo.*

ELEANOR ROOSEVELT
Primera dama de los Estados Unidos y presidenta de la
Comisión de Derechos Humanos de las Naciones Unidas (1946-1952).

## SIGUE AVANZANDO CON
# CONFIANZA

Con esa misma seguridad, con esa misma pasión, energía y emoción de cuando decidiste hacer algo, cuando esa idea llegó a tu mente y supiste que ese sería el momento de transformar tu vida, con esa certeza y **confianza** de que en algún momento ese sueño se hará realidad, sigue sin que te importen los comentarios de gente negativa, sin importar si no creen en ti.

Porque quizás en algún momento, sientas esos comentarios como pequeñas cortadas, que al principio te dolerán, pero tu **confianza** tiene que ser cada vez más fuerte, como la piel del tiburón (la cual es diez veces más resistente que la de un elefante), de este modo, no importará cuantas cortadas te hagan, tu piel será tan fuerte que ya ningún comentario podrá lastimarte y mucho menos detenerte.

*Haz lo que te apasiona y el éxito te encontrará, haz lo que te imponen y pasarás el resto de tu vida buscando el éxito.*
MANUEL SOTOMAYOR

# LEY 3

ANTES DE DESEAR ALGO Y BUSCAR
MÁS, APRENDERÁS A COMPARTIR
Y A VALORAR CADA PEQUEÑO
DETALLE QUE ESTÉ PRESENTE EN
TU VIDA

Mentalidad De Tiburón

¡Siempre ve por más! Busca ser el mejor en todo lo que hagas, mantente con hambre de triunfo, supérate a ti mismo, pero jamás te olvides de quienes te rodean, quienes te han apoyado y quienes te aman.

Desarrolla esa capacidad de admiración y agradecimiento para disfrutar cada momento, cada día, de esta forma te darás cuenta, que el camino hacia todo lo que quieres será una de las mejores experiencias que hayas vivido.

*Aprende a valorar lo que tienes, antes de que
el tiempo te enseñe a valorar lo que tuviste.*
ANÓNIMO

En la actualidad, la gran mayoría está en la constante búsqueda de ser gente de éxito, desarrollarse como persona, buscar y conseguir cada vez más, ¡y esto está perfecto!

El problema es que muchas de estas personas se pierden en esta búsqueda de grandeza, porque su mirada solo está en lo más alto, en aquello que quieren conseguir, en lo que quieren lograr y dejan de ver lo que está a su alrededor... ¡Esto es un error gravísimo!, porque se están perdiendo de las pequeñas cosas, de esos pequeños detalles que hacen disfrutar y ser felices día a día.

Recuerda que el ser exitoso, no es un objetivo que tengas que estar buscando, no es una meta, es cómo vives cada uno de tus días, es tu forma de vida.

Pero para lograr disfrutar y que tu vida sea realmente exitosa, tienes que desarrollar primero una capacidad para admirar y disfrutar todo lo que está a tu alrededor, los pequeños detalles de la vida, lo que está al alcance de tu mano, desde el simple hecho de levantarte en la mañana y respirar aire fresco, saber que es un nuevo día y con este llegan infinidad de oportunidades para hacer lo que más te apasione, disfrutar de la gente que está a tu alrededor, porque en algún momento dejarán de estar ahí. Hay veces en que pensamos que todo seguirá igual, tal como está en este momento, pero cuando menos lo esperamos las cosas cambian, y el poder abrazar a quien tu amas, reír a carcajadas con esas personas que quieres, acariciar a tu mascota, son detalles que te llenan de felicidad, o posiblemente hay más cosas que generan en ti esa alegría y que no cuestan nada, simplemente están ahí y lo único que tienes que hacer es disfrutarlas.

Cuando comienzas a ver la vida de esta forma el camino hacia cualquier objetivo que te propongas ¡será increíble!, porque tienes una meta, quieres más, ¡y lo vas a lograr! Pero entre más divertido sea el viaje, entre más atención pongas a ese paisaje que estarás recorriendo, créeme que cuando alcances lo que estabas buscando... te sentirás pleno. Pero ¿qué pasa si solamente sigues con la mira hacia arriba?, de igual forma estoy seguro que vas a lograr tu objetivo, pero te perderás de muchas experiencias, aprendizajes, momentos de felicidad y te darás cuenta que aunque lograste ese objetivo que querías, te sientes vacío.

Hoy en día es una costumbre el vivir en el futuro o en el pasado, pero no en el presente. Escucha y pon atención cuando la gente platica... ¿qué sucede? La mayoría de las veces en las conversaciones pasa esto que te comento, por ejemplo: ¿qué harás el fin de semana?, ¿cómo te fue en tus vacaciones?, ¿qué tal la semana pasada?, la mayoría de las pláticas se centran en el futuro o el pasado, pero muy pocas veces las personas se enfocan en el presente: ¿cómo estás?, ¿cómo te sientes?, ¿qué tal tu día? Es fundamental disfrutar el presente, porque es exactamente eso «un presente, un regalo que la vida te está dando», disfruta cada momento y cada día.

Quiero compartir contigo una experiencia con la cual entendí que el presente es el momento más importante para disfrutar cualquier plan u objetivo que tengas.

En una ocasión, estuve entrenando durante tres meses para el selectivo, en el cual se formaría la selección que representaría a mi país en los Juegos Centroamericanos, cada día, cada mañana, cada minuto durante cada entrenamiento que tenía, lo disfrutaba al máximo, emocionándome al pensar en el momento en el que estaría ganando y la felicidad que sentiría en esa competencia.

Finalmente llegó el día, gané, ¡y claro!, me sentí contento, feliz, satisfecho y con mucha paz, pero fue justo en ese momento en el que entendí que era mucho mayor la emoción y la felicidad que había sentido en cada entrenamiento que viví rumbo a esta competencia para la cual esperé tres meses; a partir de ahí me di cuenta que hay que disfrutar cada instante, cada día que pasa en el camino hacia nuestros objetivos, porque la mayor felicidad y en donde realmente puedes disfrutar con todos tus sentidos al máximo es en el presente.

Cuando aprendes a desarrollar esta capacidad de asombro, y disfrutar valorando lo que tienes antes de buscar más, te darás cuenta que eres muy afortunado por el simple hecho de respirar, estar vivo, de tener la oportunidad para conseguir y lograr lo que quieras cada vez que abres tus ojos por la mañana.

Al saber valorar y estar agradecido, esto te da la oportunidad de poder dar a los demás, y con dar a los demás no me refiero a un aspecto económico, sino el dar una sonrisa, un saludo amable, contar un chiste, abrazar, crear o innovar pensando en las demás personas, ¡todo esto es dar! Cuando logras que las personas que te rodean se lleven algo bueno de ti, estarás viviendo ese estilo de vida que te permitirá tener éxito en cualquier cosa que hagas.

*Da siempre lo mejor de ti, y lo mejor vendrá.*

MADRE TERESA DE CALCUTA
Premio Nobel de la Paz (1979).

Referente al dar y compartir, hay una frase que dijo un buen líder y amigo en uno de sus discursos, y que ahora descansa en paz,

*Los talentos que Dios nos ha dado*

*no son para nosotros, son para los demás.*

PADRE ÁLVARO CORCUERA
Director General del Regnum Christi (2005-2014).

Cuando descubres cuáles son tus talentos y buscas ayudar o hacer algo por las demás personas, todo comienza a llegar a tu vida... desde felicidad, paz espiritual, hasta todo lo material.

Pero cuando explotas esos talentos solamente para tu beneficio, pasa lo que a muchos de los grandes artistas, músicos y deportistas, en donde a pesar de toda la fama y todo el dinero que tenían, terminan destruyéndose o acabando con su propia vida. Al ser tan grandes los talentos que tenían, y al no buscar aprovecharlos para ser mejores y ser un ejemplo haciendo un cambio positivo en las demás personas, ese talento tan grande y poderoso terminó consumiéndolos.

# TRABAJO EN EQUIPO Y LIDERAZGO

Hablando de dar a los demás, hay algo sumamente importante para lograr tus objetivos: cuando tienes una idea, una estrategia o un plan, siempre se necesita de alguien, de un equipo para poder llevarlo a cabo. **El trabajo en equipo es fundamental en cualquier área de la vida.**

Cuando quieres lograr algo, cuando quieres ir tras tu visión, tras tu objetivo, en automático te conviertes en un líder, y tienes que aprender a desarrollar la empatía hacia tu equipo, hacia las personas que te rodean, porque de esa forma vas a conocerlos, entenderlos mejor, ayudándolos a desarrollar al máximo sus capacidades, generando un ambiente positivo; todo esto te permitirá direccionarlos hacia tus objetivos, logrando mejores beneficios para todos.

Cuando te conviertes en líder, tienes que ser un ejemplo, un motivador, tienes que ser quien jala las riendas, porque existirán momentos en que el equipo esté agotado, momentos en que el cansancio los esté matando, pero un líder no puede permitirse caer, detenerse o descansar cuando hay algún objetivo en curso.

Hablando de liderazgo, quiero recordar el *Super Bowl* XLVII (la edición 47), el cual se disputó el 3 de febrero del 2013 en el Mercedes-Benz Superdome en Nueva Orleans, en donde ganaron los Cuervos de Baltimore y uno de sus principales líderes era Ray Lewis, uno de los jugadores más grandes de edad con 37 años, teniendo una gran característica: en el momento que lo veías entrar al campo de juego, de inmediato lo reconocías, debido a esa energía impresionante que tenía. Brincaba, corría, se movía de un lado a otro, gritaba, motivaba a su equipo, tacleaba a sus oponentes, se levantaba, seguía y seguía, parecía que era uno de los jugadores más jóvenes por tanta energía que transmitía.

Antes de iniciar el partido, Ray Lewis reunió a su equipo y les dio un breve discurso para motivarlos, en ese discurso podías escuchar su voz que transmitía esa poderosa energía y deseo de ser imparables, el discurso fue el siguiente:

«¡Nosotros vamos a terminar esto! ¡Ellos están en nuestro camino y cuando están en nuestro camino, tenemos que tener coraje! ¡Sabemos para qué estamos aquí! ¡Ningún arma puesta en nuestra contra podrá prosperar!» Y en coro repetían gritando todos los miembros del equipo: «Ningún arma puesta en nuestra contra podrá prosperar».

¿Pero qué significa esto?... Ray tomó un pequeño pasaje de la Biblia, para ser exactos: Isaías 54:17, «Ningún arma forjada contra ti prosperará». Esto significa que si tú confías y tienes fe en lo que estás haciendo, nada podrá afectarte, nada podrá detenerte, este es un ejemplo claro de un gran líder. Un líder debe tener una visión y confiar en ella, sin importar lo que las personas puedan decir, porque al tener confianza y fe, esta será la forma en la que podrá transmitir seguridad a su equipo.

¿Qué es lo que sucede en este ejemplo con Ray Lewis? Cuando eres un líder y motivas a tu equipo hay algo que parece mágico, **cuando transmites esa energía y motivación hacia los demás en automático se te regresa** y tu energía se incrementa. Te invito a que lo intentes... Cuando estés liderando un grupo de gente, demuestra ese ímpetu, positivismo y pasión.

En una ocasión, cuando todavía era atleta, nuestro coach nos llevó a correr a un lugar precioso... el Desierto de los Leones, un bosque lleno de árboles, con ese delicioso olor a humedad y madera, cubierto por una densa neblina... Eran las 7:00 am, se sentía un ambiente fresco, todo el equipo caminábamos y llegamos a una zona donde estaban unos escalones que bajaban a un río, pero la pendiente era enorme, eran unas escaleras que parecían no tener fin. Mientras todo el equipo estaba admirado por tantas escaleras, nuestro coach nos dijo: «¿Ven el río?, bajen y suban una vez, y cuando regresen les diré qué es lo que vamos hacer».

De inmediato bajamos... y todo tranquilo, pero en el momento en que empezamos a subir los escalones, la inclinación era tan grande, que ninguno del equipo pudo subir al mismo ritmo, tuvimos que parar a descansar.

Cuando logramos llegar nuevamente arriba con nuestro Coach, nos dijo: «Señores, eso que hicieron... ¡lo harán quince veces!, ¡tienen una hora para subir y bajar quince veces!». Todos los del equipo nos volteamos a ver con una cara de «¡no puede ser!», pero no puedes decir nada, es tu coach y lo que dice se hace.

¡Entonces comenzamos! Todos arrancamos con esa energía e ímpetu; bajábamos y subíamos, una y otra vez, hasta que alrededor de la octava vuelta, todos ya estábamos casi muertos, la sensación de cansancio y ardor en nuestros músculos era cada vez más fuerte, pero teníamos que seguir, no podíamos detenernos... Llegó un momento en el que vi los rostros de todos sufriendo y llenos de cansancio; fue cuando comencé a gritarles a mis compañeros para motivarlos, cada vez que pasaba junto a alguno de ellos, les decía: «¡Vamos!, ¡ya falta poco!», pero realmente dentro de mí sabía que yo ya no podía más, estaba muerto, incluso estaba a punto de pararme, pero por fuera mi expresión corporal y facial mostraba todo lo contrario, como si apenas fuera la primera vuelta, porque no quería que vieran que ya no podía más... fue entonces cuando empecé a motivar a todos. ¡No sé qué fue lo que pasó!... pero inconscientemente te conviertes en el líder del equipo, y una vez que adoptas esa posición, ¡no puedes rendirte, porque tú eres quien los está impulsando! Después de esto, los gritos ya no sólo eran míos, eran de todos, y así comenzamos a apoyarnos. De inmediato al sentir esa sensación, me di cuenta que tenía más energía y que podía seguir; cada vez que pasaba al lado de alguien aparecía nuevamente ese grito de: «¡Venga equipo! ¡Vamos! ¡Ya llevamos más de la mitad! ¡A seguir!», justo entonces mi nivel de energía se incrementaba de una forma que no había experimentado antes.

Hay veces en las que el cansancio se acumula por trabajo, entrenamiento, viajes y algunas otras cosas más, pero después de la experiencia que tuve en aquel entrenamiento, en las escaleras que parecían no terminar, entendí que no importa qué tan cansado, qué tan agotado esté, no importa cómo esté mi nivel de energía, esos mismos gritos que utilicé para motivar a mis compañeros de equipo, desde ese día en adelante, supe que en el momento en que yo quisiera, puedo traerlos a mi mente para elevar mi energía, en cualquier actividad que haga, esos gritos de: «¡Vamos!, ¡estás listo!».

De esta misma forma es como debes vivir, cuando haya momentos en que sientas que tu energía es baja, ¡inténtalo! Encuentra o crea dentro de ti esos gritos que te motiven (automotivación: te hablaré más a fondo sobre este tema en la LEY 13), gritos que te empujen, y con esto te darás cuenta que tus niveles de energía dependerán de tu nivel mental (**actitud y emoción**), sabiendo que tú puedes controlar esa energía, elevándola o disminuyéndola en el momento que tú quieras, esta es una clave muy importante para poder disfrutar más cada momento que vivas.

*Aquellos que logren generar un vínculo con su poder energético y sean capaces de modificar el nivel de frecuencia vibratoria, podrán potenciar sus acciones y crearse un gran destino.*

MANUEL SOTOMAYOR

## SIGUE AVANZANDO
## VALORANDO

Cuando recorras el camino que elijas hacia tus objetivos, recuerda admirar y **valorar** desde el detalle más pequeño, hasta lo más extraordinario, esto te permitirá ser feliz y gozar todo lo que esté en ese camino... desde los lugares, climas, las personas que estén presentes en cada momento y cada día, porque la naturaleza de la vida, nos ha enseñado que no siempre estarán ahí, esto hace que cada uno de esos momentos sean tan valiosos.

No los desperdicies como lo hace la mayoría.
**Valora,** disfruta y sé feliz.

*La felicidad radica en admirar, valorar, agradecer y disfrutar todo lo que está a tu alrededor. Emocionándote y confiando en la capacidad que tienes para conseguir cualquier cosa que quieras.*

MANUEL SOTOMAYOR

# LEY 4

TE PROPONDRÁS METAS MEDIBLES
Y DESARROLLARÁS UN PORQUÉ,
EL CUAL SERÁ TU MOTOR
Y TU MOTIVACIÓN

Mentalidad De Tiburón

Una de las grandes diferencias entre los que alcanzan sus sueños y los que nunca lo logran es la planeación de metas hacia ellos. Tienes que convertirte en un gran estratega, saber perfectamente qué es lo que quieres, hacia dónde vas, cuál será tu siguiente movimiento, con qué cuentas y dónde conseguirás lo que te falta.

Además tienes que descubrir por qué quieres lograr lo que estás buscando, saber por qué trabajas día a día, y qué es lo que te motiva a levantarte cada mañana.

Cuando descubras esto, tu porqué se convertirá en tu motor, el cual te impulsará con tal fuerza, que puedo asegurarte, que nada ni nadie te detendrá.

*Para que el universo conspire a tu favor, primero tienes que demostrarle que eres capaz de mover el mundo con tus propias manos.*

MANUEL SOTOMAYOR

# ¿CÓMO DESARROLLAR UNA META O UN OBJETIVO?

C uando quieras conseguir o lograr algo, tienes que desarrollar un plan de vida, para que puedas tener claro qué camino vas a tomar y adónde quieres llegar. Para hacer un plan de vida no hay edad, no hay límites, tú eres el único que puede decidir qué es lo que quieres lograr, qué objetivos quieres alcanzar y cuáles son los retos que quieres superar, pero para esto, primero tienes que proponerte metas que tengan tiempo y forma.

Un plan de vida, es lo que sería para un piloto tener un plan de vuelo. Cuando un piloto quiere llegar de un punto A al B sabe perfectamente cuál es la ruta que va a tomar, ¿pero qué sucedería, si este piloto decide despegar sin haber trazado una ruta? De esta forma sus probabilidades para llegar a ese destino serían muy bajas, incluso puede perderse o, lo que sería peor, podría estrellarse. ¿Pero qué pasa, si este piloto decide volar del punto A al B teniendo perfectamente definido su plan de vuelo? No importará si hay vientos fuertes, no importará si hay tormentas, el piloto tendrá la capacidad de maniobrar, esquivar y regresar nuevamente a su ruta establecida, porque sabe perfectamente hacia dónde quiere llegar.

**En la vida es fundamental definir a dónde quieres llegar.** Pregúntate... ¿qué es lo que quieres? Como lo dice la LEY 1: sé tu propio juez, analiza en qué eres bueno, cuáles son tus talentos, tus fortalezas, qué es lo que te apasiona. Básate en esas aptitudes y combínalas con lo que amas, porque de esta forma podrás definir más fácil qué camino es el que quieres tomar.

Hay una clave fundamental que tienes que tomar en cuenta cuando estés haciendo tu plan de vida, recuerda que entre más exacto sea lo que quieres, entre mejor puedas definir lo que deseas, será mucho más fácil alcanzarlo.

Por ejemplo: ¿Quiero ser un empresario? Ok, ¿de qué será mi empresa?, ¿cuánto tengo para invertir?, ¿quiénes serán mis socios?, ¿qué producto o servicio voy a ofrecer?, ¿cuál va a ser mi ventaja competitiva?, ¿cuánto quiero ganar el primer año?, ¿cuál será mi ROI (Retorno de Inversión) y en cuánto tiempo?

Tienes que ser muy claro con lo que quieres. Poniendo otro ejemplo: ¿Quieres ser millonario?... ¿cuánto dinero quieres?, ¿un millón, 10 millones, 100 millones?, ¿en cuánto tiempo?, ¿cómo piensas generar ese dinero?, ¿qué ideas tienes?

Hay una gran diferencia entre tener perfectamente claro qué es lo que quieres, qué es lo que vas a conseguir y cómo lo vas a lograr, a no tener idea de qué es lo que quieres o hacia dónde vas; y esto no tiene nada de malo, quizás en este momento estás reflexionando qué vas hacer, esto es un proceso y para esto son estas **13 Leyes**.

Todo esto que te comento lo puedes comprobar conversando con la mayoría de las personas, preguntándoles qué es lo que quieren de su vida. Muchos te dirán que no lo habían pensado y otros dirán que no saben, o te darán respuestas generales. Cuando tengas oportunidad de platicar con alguien que está tras un objetivo, que tiene un plan de vida perfectamente claro, pon mucha atención a sus comentarios y expresión corporal, porque al ver su mirada y gestos te podrás dar cuenta que sabe perfectamente hacia dónde va. Estoy seguro de que tú ya tienes esa idea en tu cabeza o quizás en el proceso de esta lectura la encuentres en tu mente y en tu corazón.

Quiero compartirte un ejemplo de una meta material, porque de la misma forma es cuando tienes una meta como persona, cuando quieres desarrollarte como un mejor ser humano, tienes que ser muy claro en qué aspectos quieres cambiar y en qué tiempo quieres lograrlo.

En este ejemplo puedo decir: «Quiero un carro del año», pero ese carro puede ser un carro de hamburguesas nuevecito o un carro chocón de la feria. Tienes que meter la idea muy clara en tu mente: quiero un carro, rojo, marca tal, interiores de tal color, para saber perfectamente por qué vas a ir, por qué vas a trabajar, cuánto tienes que generar y cuáles van a ser tus estrategias.

Habrá momentos en tu vida en los que se presentarán algunas oportunidades y si tienes una meta clara en tu mente podrás verlas, identificarlas y tomarlas para que te ayuden a lograr lo que quieres, pero si no tienes perfectamente claro cuál es tu meta, estas oportunidades pueden pasar frente a ti y no te darás cuenta de que están ahí.

Existe algo muy poderoso y comprobado científicamente, que te ayudará a identificar estas oportunidades, a esto se le llama:

■ **Percepción selectiva**: La capacidad que tenemos para centrar nuestra atención en determinados estímulos ignorando los demás.

Regresando al ejemplo del automóvil: cuando queremos comprar un auto nuevo o simplemente nos gusta algún modelo en especial y tenemos la idea en nuestra mente de un auto color rojo, de una marca en específico, ¿qué es lo que sucede cuando salimos a la calle o estamos en el tránsito?... ¡Comenzamos a ver más carros rojos de la marca que nos gusta! Esto pasa porque de toda una realidad de autos, dimos una orden a nuestra mente y esta enfoca nuestros sentidos a ese auto que nos gusta.

Esto es lo mismo que sucede cuanto tienes un plan de vida, una meta, un objetivo: entre más exacto sea, entre más detalles puedas poner a ese objetivo, tus sentidos comenzarán a ver las herramientas necesarias para alcanzar lo que te estás proponiendo, porque de lo contrario como te comenté, si no tienes bien definida la meta, puede que esas herramientas o lo que necesitas para lograr lo que quieres, pasen justo frente a tus ojos y no las percibas, porque no tienes perfectamente claro qué es lo que realmente quieres hacer en tu vida.

Una vez que ya sabes qué es lo que quieres, tu mente se convertirá en un imán que atraerá todas las herramientas que necesitas, es por esto que tienes que ponerte metas medibles, sabiendo que tu objetivo está en lo más alto e iras por él. Comenzando con ponerte metas diarias, semanales, mensuales, establecer prioridades, ponerte metas en todo lo que hagas... en el trabajo, con tu familia, en el deporte, en tus clases, ser mejor persona, para que de esta forma cada que vayas cumpliendo esas pequeñas metas mantengas esa motivación, esa energía positiva que te ayudará a seguir avanzando.

# Desarrollarás un porqué, el cual será tu motor y tu motivación.

Motivación: esta palabra viene del latín *movere*, que significa mover, acción, movimiento. Cuando estás motivado ¿qué sucede? Todos en algún momento de nuestra vida nos hemos sentido sumamente motivados por algo, sintiendo esa emoción, esa energía, esas ganas de estar en constante movimiento, muchas veces no podemos ni dormir por estar pensando en lo que vamos hacer, sintiendo esa emoción de lo que viene.

¿Qué pasaría si fueras capaz de encender ese motor, esa motivación, cada vez que tú quisieras, sin importar cómo esté tu energía, sin importar tu estado de ánimo? ¿Te gustaría tener el control de ese botón? Un botón que en el momento que tú lo presiones te impulse hacia adelante con gran potencia.

Tu mente tiene ese poder y tú puedes tener el control; una vez que tienes perfectamente claro cuál es tu objetivo, tienes que preguntarte por qué lo quieres, por qué deseas ese objetivo, para qué quieres lograr lo que te estás proponiendo. Cuando las respuestas a esto son en primera persona, como por ejemplo: porque quiero ser el mejor en lo que hago, porque quiero ser el más exitoso, el más rico, ¡está bien!... Esto es un impulso importante, pero hay algo todavía más poderoso... Cuando estas respuestas son por alguien más, como por ejemplo: quiero ser el mejor en lo que hago, para que mi familia se sienta orgullosa de mí, para poner en alto el nombre de mi escuela, de mi empresa, de mi país; quiero ser el más exitoso y más rico, porque quiero que la gente que esté a mi alrededor nunca le falte nada, porque quiero que mis hijos se sientan orgullosos; o simplemente porque mucha gente te ha dicho que no lo vas a lograr. Cuando tu **porqué** es por ti, y a la vez por alguien más, este amor por tu gente te dará una fuerza, un coraje, una potencia sobrehumana, para poder seguir adelante sin importar cómo estén las cosas.

Encontrar ese **porqué** es tu responsabilidad, nadie puede hacerlo por ti, solamente tú lo puedes hacer; busca en el fondo de tu ser, piensa, analízalo con calma, ve a tu alrededor y cuando lo encuentres ¡prepárate!… porque este se convertirá en lo que te impulsará con toda la potencia.

Cuando un auto de carreras va a máxima velocidad, ¿qué sucede si este tiene un botón de nitrógeno?… Cuando el motor ya no da más y presionas este botón, ¿qué pasa?… ¡pawnnn!… En ese mismo instante se libera ese nitrógeno que ayuda a generar una mayor explosión en la gasolina, haciendo que el auto salga disparado con mucha más potencia.

Cuando descubras ese **porqué**, será como tu nitrógeno. Cuando creas que ya diste todo, cuando creas que ya no puedes, cuando creas que has hecho todo lo posible… recuerda cuál es tu **porqué**… y de inmediato sentirás esa energía, esa motivación interna que te impulsará al máximo para seguir tras tus objetivos.

*Quien tiene un porqué para vivir,*

*encontrará siempre el cómo.*

FRIEDRICH NIETZSCHE
Escritor, poeta, filósofo y músico alemán (1844-1900).

Más adelante, en la LEY 7, encontrarás una historia de vida que ejemplifica perfectamente la fuerza sobrenatural que te puede dar el tener un **porqué**.

## SIGUE AVANZANDO CON
## AGRADECIMIENTO

Cuando valoras y **das gracias** por lo que tienes, cuando miras a tu alrededor y ves todo lo que la vida te ofrece para lograr lo que te has propuesto, te darás cuenta que eres muy afortunado.

Cuando ese amor por tus seres queridos, por quienes te han apoyado, o simplemente porque quizás ahora eres tú quien tiene que apoyar y proteger a tu gente, es aquí donde te das cuenta de todos los motivos que tienes, y que no vas a permitir que nada ni nadie venga a quitarte de las manos lo que es tuyo o lo que quieres lograr.

Cada mañana cuando abras los ojos, recuerda cuál es tu **por-qué**... y este te dará una fuerza sobrenatural para seguir adelante.

*No hay hombre tan cobarde, a quien el amor*
*no haga valiente y convierta en héroe.*
### PLATÓN
Filósofo griego, fundador de la Academia (387 a.C.).
Discípulo de Sócrates y maestro de Aristóteles.

# LEY 5

**DISFRUTARÁS Y APRENDERÁS
DE CADA EXPERIENCIA,
SEA BUENA O MALA,
PARA SER CADA VEZ MEJOR**

Mentalidad De Tiburón

¿Cómo sabemos quién realmente tiene una Mentalidad de Tiburón, una mentalidad ganadora, una mentalidad indestructible?, muy sencillo...

Cuando las cosas salen mal... cuando los planes que tenías no resultan como esperabas... cuando pierdes... cuando te lastiman... cuando todo esto te sucede y tu carácter cambia, y no sabes cómo transformar lo negativo en algo positivo, es porque aún no tienes esa mentalidad.

Se dice que conoces realmente a las personas cuando las cosas están mal, porque cuando todo va mal es cuando te das cuenta si realmente tienen esa fortaleza, ese carácter y esa mentalidad para obtener el mayor aprendizaje de lo que aparentemente es una mala experiencia, transformándola en algo que los pueda impulsar en un futuro.

*El fracaso es la mejor oportunidad de empezar otra vez,*
*con más inteligencia.*
HENRY FORD
Empresario estadounidense.
Fundador de la Ford Motor Company (1903).

Tómate un momento y analiza. ¿Qué sucede cuando ganamos?... ¿Cuándo conseguimos lo que queríamos?... ¿Qué pasa cuando las cosas salen bien a la primera?... ¿Qué es lo que hacemos?... ¡Festejamos, celebramos y estamos felices! Les queremos contar a todos lo que hicimos. ¿Pero qué pasa cuándo perdemos o las cosas no salen como esperábamos?... Sucede todo lo contrario: estamos tristes, sin energía, no queremos saber de nadie, pero ¿por qué pasa esto? ¡Porque a nadie le gusta perder!... Pero si analizas mucho más a fondo el ganar y perder te darás cuenta que cuando ganas ¡claro que es un momento padrísimo!, pero es un momento en el que no aprendes mucho, porque las cosas te salieron bien, todo es alegría, todo es fiesta; sin embargo, cuando pierdes, cuando no te salen las cosas como las tenías planeadas, ¡esto es un golpe fuerte! Pero solo esta situación o resultado será lo que te dé la oportunidad de recapacitar, pensar, analizar qué fue lo que sucedió, qué fue lo que no funcionó, en dónde estuvo el error, qué es lo que debo cambiar o qué tengo que aprender, para que de inmediato lo identifiques y lo intentes nuevamente, pero ahora con más sabiduría.

Quiero platicarte sobre algo, que muchos calificarían como fracasos, pero que para mí se convirtieron en experiencias de aprendizaje. En una ocasión había entrenado muy fuerte con un solo enfoque, un solo objetivo: ser el mejor nadador en toda la historia de mi país en la prueba de los 50 metros mariposa. ¿Qué necesitaba para lograrlo? Romper el récord que le pertenecía al nadador Joshua Ilika, quien había sido nadador olímpico en dos ocasiones.

Después de haber entrenado y trabajado día con día sabía perfectamente qué era lo que tenía que hacer... Llegó el momento... Estando en la competencia, listo en el banco de salida... ¡Dan el disparo! Nado con toda la fuerza como había entrenado, listo para romper el récord; toco la placa que detiene el tiempo... volteo a ver el tablero, y me doy cuenta que no rompí el record... No me quedó más que reírme y al salir del agua, fui a buscar a mi entrenador, y le dije: «Coach, ¿en qué falle, qué viste que hice mal?, ¿qué puedo mejorar?». Tomó su cuaderno, comenzó a señalarme y decirme los aspectos que podía mejorar, los errores que vio en esta competencia, los cuales, corrigiéndolos, me ayudarían.

Meses después vino la siguiente competencia, habíamos trabajado en los detalles que él me había dicho. Nuevamente me tiré al agua, di todo, toqué la placa, volteo rápidamente a ver el tablero... y el tiempo no superaba el récord; salí del agua y comenzamos a ver nuevamente qué sucedió, qué podíamos corregir, en qué había fallado, qué teníamos que hacer para bajar esas centésimas que me separaban del récord y que harían la diferencia para nadar más rápido. Pasaron algunos meses y se presentó otra competencia, pero en esta tercera ocasión estaba aún más preparado porque ya habíamos analizado puntos que ni en la primera ni en la segunda competencia había aplicado. Entonces me lancé al agua, nadé cuidando cada detalle, cada movimiento que estuvimos entrenando, mejorado mi técnica, corrigiendo los errores que mi entrenador había visto en las competencias anteriores, y entonces llegó lo que habíamos esperado... cuando toqué la placa, y todavía ni siquiera volteaba a ver el tablero... ¡comencé a escuchar el sonido de la torreta!, ¡anunciando el nuevo récord! En ese momento fue cuando realmente me di cuenta que esas competencias anteriores, esas experiencias que habían pasado, esos aparentes fracasos, fueron los que me enseñaron cómo lograr finalmente mi objetivo.

Recuerda que si en tu vida hay momentos buenos... ¡disfrútalos!, ¡gózalos!... Si llegas a vivir algunos que consideres malos o algo que no esperabas, trata de analizar y entender esas experiencias, ya que habrá muchas cosas que te puedan servir para aprender y seguir adelante. Solo tú puedes tener esa capacidad, para que tu mente tome los fracasos como entrenamientos, los cuales te harán cada vez más hábil, y al aprender de tus errores esto te permitirá acercarte cada vez más a tus objetivos. Cuando te das cuenta que el único juez para decidir si fue una buena o mala experiencia solamente eres tú, esto te da una ventaja, porque la mayoría no lo sabe y dejan que la sociedad sea su juez, es por esto que tanta gente al fallar, desiste, al perder, se rinde. Cuando las cosas no les salen como esperaban, cambian de meta y se termina ese sueño.

*Muchos fracasos ocurrieron en personas que no se dieron*

*cuenta lo cerca que estaban del éxito.*

**THOMAS ALVA EDISON**
Científico, inventor y empresario estadounidense (1847-1931).
Con más de mil patentes, entre ellas la bombilla, el fonógrafo y el telégrafo.

Las personas con una mentalidad ganadora tienen la capacidad de entender y analizar cuando las cosas no salen como ellas esperaban; la gran diferencia es que no pierden esa mentalidad de triunfo, porque saben que perder simplemente es un resultado no esperado que se puede modificar identificando las fallas y trabajando para cambiarlas.

*Si el plan no funciona, modifica el plan pero no la meta.*
ANÓNIMO

Quiero citar un discurso que hizo uno de mis maestros en la universidad, el profesor Juan Manuel Menéndez, el cual habla sobre uno de los mayores ejemplos de perseverancia: Abraham Lincoln, quien jamás se rindió y aprendió de cada experiencia, para finalmente llegar a ser uno de los hombres más poderosos del planeta. Esa perseverancia, esa tenacidad, es la que lo hizo ser quien fue. El discurso es el siguiente:

**TENACIDAD**

*En ingeniería se define como la resistencia que opone un material a ser roto, molido, doblado, desgarrado o suprimido, siendo esta una medida de la cohesión de sus moléculas.*

*La tenacidad en el ser humano, puede ser interpretada como el espíritu de la gente que no se detiene por las circunstancias, siendo esta justamente la fuerza conductora para el crecimiento y la transformación personal.*

*Un ejemplo claro de este espíritu es Abraham Lincoln; nacido en la pobreza y quien se enfrentó a la derrota a lo largo de toda su vida. Pudo haber desistido muchas veces, ¡pero no lo hizo!, y gracias a eso se convirtió en uno de los más ilustres presidentes de la historia de Estados Unidos. Lincoln tenía un espíritu inquebrantable y nunca se dio por vencido.*

*He aquí un esbozo del camino de Lincoln hacia la Casa Blanca.*

*1816 Su familia fue desalojada de su casa por la fuerza. Él tuvo que trabajar para mantenerlos.*

*1818 Fallece su madre.*

*1831 Fracasó en los negocios.*

*1832 Contendió para una legislatura estatal y perdió.*

*1832 También perdió su trabajo, quiso ir a la escuela de derecho pero no pudo ingresar.*

*1833 Un amigo le prestó dinero para comenzar un negocio y a finales de ese año estaba quebrado. Pasó los siguientes 17 años de su vida pagando esa deuda.*

*1834 De nuevo contendió para una legislatura estatal y ganó.*

*1835 Se comprometió en matrimonio, su novia murió.*

*1836 Sufrió una completa crisis nerviosa y estuvo seis meses en cama.*

*1838 Aspiró a convertirse en portavoz de la legislatura estatal y fue derrotado.*

*1840 Aspiró a convertirse en miembro del colegio electoral y fue derrotado.*

*1843 Contendió para el Congreso y perdió.*

*1846 De nuevo contendió para el Congreso pero esta vez ganó, fue a Washington y tuvo un excelente desempeño.*

*1848 Contendió para ser reelecto para el Congreso y perdió.*

*1849 Aspiró al trabajo de titular de la Oficina del Catastro en su estado natal y fue rechazado.*

*1854 Contendió para el Senado de Estados Unidos y perdió.*

*1856 Aspiró a ser nominado vicepresidente en la convención nacional de su partido y obtuvo menos de 100 votos.*

*1858 De nuevo contendió para el Senado de Estados Unidos y de nuevo perdió.*

***1860 ¡Logró ser electo presidente de Estados Unidos!***

*Aquí es donde podemos ver claramente la diferencia entre haber fracasado equis número de veces y ser un fracasado. El hombre tenaz es incansable, sabe lo que quiere y ningún fracaso logra quitarle las ganas de volver a empezar. Entre otras cosas se caracteriza por consagrarse a un propósito, seguir el llamado de su corazón, creer en sí mismo, tener una actitud abierta al aprendizaje, capacitarse permanentemente, pedir ayuda, buscar soluciones creativas y perseverar, no importa cuáles sean los desafíos a los que la vida lo enfrente.*

La trayectoria de Abraham Lincoln es el claro ejemplo de una persona que siguió y siguió a pesar de todo, con esa **Mentalidad De Tiburón**, la mentalidad que jamás se detiene, manteniéndose siempre en constante movimiento.

Esta Ley te recuerda que en la vida tienes que disfrutar sin importar si tienes una buena o mala experiencia, porque si no estás listo para esto el trayecto hacia tus objetivos se convertirá en un camino oscuro; sin embargo, cuando tu mente está preparada para disfrutar todo, para enfrentar todo, incluso cuando las cosas van mal, estarás listo para alcanzar cualquier objetivo siempre con optimismo.

La Mentalidad De Tiburón es nunca voltear hacia atrás, excepto para aprender, recuerda cada experiencia mala que hayas tenido y que quizás en ese momento lloraste, te enojaste, te sentiste muy mal, ¡pero sigues aquí! Esas experiencias te han hecho más fuerte y más sabio, es por eso que tienes que entender y disfrutar todo lo que venga en tu vida, porque el único que tiene el poder para decidir si es malo o es bueno eres tú.

Perder puede ser uno de tus mejores mentores, ya que el perder es lo que te enseñará que ese no era el camino correcto, te enseñará qué es lo que hay que revisar, entender, y cambiar, para corregir qué fue lo que salió mal, y así en un futuro llegar a tu meta.

*El éxito es aprender a ir de fracaso en fracaso,*

*sin desesperarse.*

WINSTON CHURCHILL
Historiador, estratega militar, político y orador británico.
Primer ministro del Reino Unido y Premio Nobel de Literatura (1953).

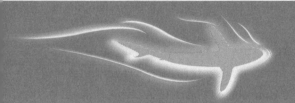

## SIGUE AVANZANDO CON

# SABIDURÍA

Cuando aparecen los momentos de crisis, cuando las cosas no salen como se esperaba, cuando esas experiencias se vuelven negativas, es cuando todos se parten a la mitad, es cuando las mentes débiles no resisten.

¡Pero tú no!... Tu **Mentalidad De Tiburón** te permitirá disfrutar y aprender de cada experiencia sumando conocimiento de situaciones que solo esa vivencia te podía dar, para llevarte a otro nivel y agregar más **sabiduría** a tu mente.

*Es mucho mejor atreverse a cosas grandes, cosechar triunfos gloriosos aún marcados por el fracaso, que aliarse con esos pobres espíritus que ni mucho ganan, ni mucho sufren, porque habitan en la penumbra donde ni la victoria ni la derrota se conocen.*

THEODORE ROOSEVELT
Presidente de los Estados Unidos (1901-1909).
Premio Noble de la Paz (1906).

# LEY 6

LUCHARÁS SIEMPRE CON FUERZA
Y VALORES HACIA TUS OBJETIVOS,
TENIENDO FE EN QUE ESTÁS
DESTINADO
A LOGRAR ALGO GRANDE

Mentalidad De Tiburón

Recuerda que si tú no confías en ti, nadie lo hará; si tú no te crees capaz de lograr algo, nadie creerá que puedes hacerlo; sin embargo, si comienzas a trabajar y a despertar desde tu interior esa fe en ti mismo, esa fe de poder alcanzar cualquier cosa que te propongas, harás que este pensamiento recorra cada fibra que hay en tu cuerpo, y comenzarás a sentir día con día, momento a momento que puedes lograrlo, sentirás que estás en este mundo para hacer algo grande, algo extraordinario. Pero tienes que seguir alimentando esa idea en tu mente, de modo que crezca tanto, que esta misma te impulsará cuando algo quiera detenerte.

*Todo el mundo tiene talento, es solo cuestión de moverse hasta descubrirlo.*

GEORGE LUCAS
Director y productor estadounidense.
Creador de *La Guerra de las Galaxias* (1977).

Entre más arriba quieras llegar, entre más escalones quieras subir, entre más alto estés escalando, aparecerá mucha gente que querrá detenerte, tirarte; gente injusta, gente envidiosa, muchas personas que no soportan el éxito de los demás, y tienes que estar listo para luchar contra esto. Pero con luchar no me refiero a pelear a golpes, me refiero a luchar con principios y valores, a seguir sin importar lo que te digan, siempre manteniendo esa fuerza y seguridad, esa fe en ti de que estás destinado a lograr algo grande.

Como te dije anteriormente, cuando te convences de que si estás aquí es porque tienes una misión, porque tienes un objetivo, una razón de ser, esto te empujará a seguir, porque en esta vida hay muchas personas que no tienen ni idea de por qué están en este mundo, no tienen idea de cuáles son sus talentos, no saben que tienen una misión en la vida, y esto no quiere decir que esté mal –nadie de nosotros nace sabiendo qué es lo que venimos hacer en este mundo–, pero hay algo que sí es nuestra responsabilidad, nuestra tarea... y es buscar... qué es lo que más nos apasiona... qué es lo que más nos gusta... qué es lo que queremos de nuestra vida... qué es lo que venimos a hacer.

Analiza a las personas que están haciendo lo que aman, las personas que descubrieron que eran buenas en algo, y eso les ha permitido crear, inventar, descubrir, dar trabajo, ayudar a la gente, porque a diferencia de ellos, la gente fracasada dice: «ellos tienen un don», «es que ellos son diferentes», «es que tienen apoyo», «es que ellos tienen esto y lo otro»... y que me disculpen estas personas, pero al decir esto, lo único que están haciendo es encontrar excusas, a lo que en otras palabras se le llama **suavizantes mentales** (en la LEY 8 hablaré más a fondo sobre este tema), este patrón de comportamiento es muy común en las personas que no han podido lograr nada en la vida... ¿y qué sucede?... Encuentran pretextos para todo.

Esto que te comento lo puedes comprobar tú mismo: escucha y analiza a las personas que estén a tu alrededor, te darás cuenta de quien solamente se la pasa culpando a algo o alguien; esto es porque no tienen las agallas y el coraje para enfrentar primero a su persona, ser su propio juez y hacerse una pregunta muy fuerte: ¿esto es lo que realmente quiero para mi vida, pasarme todos mis años, con puros pretextos, justificando y creándome ideas que me hacen sentir bien?

*Si realmente quieres hacer algo,*

*encontrarás una manera.*

*Si no, encontrarás una excusa.*

**JIM ROHN**
Escritor, motivador y empresario estadounidense.
Pionero en la industria del desarrollo personal (1930-2009).

Puede que estés en la búsqueda de tu misión, o posiblemente ya la encontraste, si no... ¡sigue buscándola!, pero por favor recuerda...

## ¡CONVÉNCETE DE QUE ESTÁS DESTINADO
## A LOGRAR ALGO GRANDE!

Partiendo de esto, te darás cuenta que hay una razón por la cual estás aquí, cada uno de nosotros tenemos diferentes misiones en la vida, diferentes sueños. Te voy a compartir qué es para mí hacer algo grande. Algo grande es querer transformar mi vida para bien, cuidarme, cuidar mi cuerpo para poder estar sano y proteger a mi familia, a mi gente, amar con toda la fuerza, reír como loco, disfrutar cada día, trabajar para que mi familia y yo tengamos lo que nos merecemos, y además, tener la oportunidad de ayudar a transformar la vida de más personas, esto para mí es algo grande.

Quizá para ti algo grande sea ser el mejor en tu deporte, en el arte, en la música, en tus estudios, o ser la mejor mamá, quien ama, quien trabaja, quien lucha por su familia; ser el mejor papá, protegiendo a tu gente, a tu familia, crear un negocio o una idea de la nada... hay muchísimas cosas que pueden ser algo extraordinario, pero esto le corresponde decidirlo a cada persona, porque hay veces que la gente tiene la idea de que algo grande, algo extraordinario, solamente es ser el presidente de un país, ser el hombre más rico del mundo, manejar grandes empresas, corporaciones, y esto ¡claro que es también algo grandioso! Pero solo si está dentro de tu plan de vida, si sientes que cada mañana algo te impulsa a trabajar por esto, si es lo que quieres y tienes perfectamente claro por qué lo vas a hacer... ¡ve por ello!

Nada es tan grande ni tan pequeño. Esta LEY 6, cuando se refiere a algo grande, se refiere a ese objetivo que cada persona puede tener, el tamaño de los sueños, el tamaño de los objetivos tú eres quien los define; pero cuando decidas ir por lo que elegiste, convéncete de que estás aquí por una razón: estás aquí para hacer un cambio, algo extraordinario. Busca lo que más te apasione, inventa, innova, crea nuevas ideas, nuevos proyectos, y todo lo demás llegará a ti como un regalo que la vida te da.

Como te decía al principio de esta Ley, cuanto más alto quieras volar, cuanto más quieras conseguir, siempre aparecerán personas que querrán detenerte, y tienes que estar preparado y entender que estas personas también formarán parte de ese camino que elegiste. Cuando lo ves de esta manera, te darás cuenta que son como pequeñas piedras que te darán experiencia, y que más adelante podrás juntarlas, utilizándolas como escalones para llegar a tu objetivo; pero es importante que lo hagas con esos ideales firmes, con esa seguridad, con respeto y con ese carácter que te empuje siempre hacia adelante; con esos principios y valores que te permitirán recorrer tu camino; con esa paz interior que nadie podrá quitarte.

¿Pero qué son los principios y valores, cómo pueden ayudarte?

Voy a utilizar un ejemplo del deporte para que quede un poco más claro:

En el futbol americano **la cancha** sería **la vida**, nuestro terreno de juego; los **principios** serían las **reglas** de este juego, porque en todo juego, en todo deporte y en la vida, siempre hay reglas.

Por ejemplo, ya en el juego, el mariscal de campo no puede lanzar un pase al público fuera de la cancha y luego el público ir pasando el balón hasta llegar al otro lado, y después una persona del público mandar un súper pase al receptor y anotar... ¡Eso no se puede! Es como en la vida, una simple regla sería no pasarte una luz roja porque puedes causar un accidente lastimándote y lastimando a más personas. En el juego, estas reglas son las que están establecidas para que este no se convierta en un caos y todos los participantes sepan qué pueden y qué no pueden hacer. Los principios nos permiten tener una mejor interrelación con nuestro entorno.

Los **valores** serían el **equipamiento para jugar**.

Por ejemplo, el casco representaría la **honestidad**, el protector dental el **perdón**, las hombreras el **compromiso**, las costilleras el **respeto**, las musleras la **responsabilidad**, la concha la **lealtad** y las espinilleras la **tolerancia**, entre otros.

En este juego de la vida, te encontrarás con muchas personas que te dirán... «¿Valores?... Yo prefiero ir por la vida así, sin valores, sin equipamiento para jugar, porque así me siento más ligero». ¡Y sí!, puede que los veas corriendo más rápido y posiblemente más adelante que tú, pero en cuanto un jugador del equipo contrario llegue a taclearlo... ¡hasta ahí llegó! Y lo más probable es que nunca más vuelva a jugar; sin embargo, tú que traes bien puesto tu equipamiento, estarás mucho más protegido y podrás disfrutar mucho más del juego de la vida.

**Recuerda siempre jugar con esos principios y esos valores que te caracterizarán.** Nunca te desgastes ni pierdas tu tiempo con alguien que quiere afectarte, nunca te dejes influenciar por gente que no vale la pena, quienes quizás te muestren atajos que aparentemente puedan ser buenos, pero más adelante te perjudicarán. Analiza muy bien las situaciones, a la gente, piensa con calma y busca siempre hacer cosas buenas. Todo esto te permitirá ser una mejor persona, ser más feliz y llegar mucho más lejos.

Ahora quiero compartir contigo una fábula, que ejemplifica cómo debes actuar en la vida, ante todo tipo de gente que intente y quiera apagar tu brillo.

## LA SERPIENTE Y LA LUCIÉRNAGA

*En cierta ocasión una serpiente comenzó a perseguir a una luciérnaga. Esta al darse cuenta... ¡huyó muy rápido llena de miedo!, alejándose de la feroz depredadora. Pero la serpiente ¡no dejó ni un momento ese intento por alcanzarla!, esta no pensaba desistir en atraparla. La luciérnaga pudo escapar durante el primer día, pero la serpiente no desistía...*

*Dos días y nada. Al tercero ya sin fuerzas, la luciérnaga detuvo ese agitado vuelo y le dijo a la serpiente:*

*–¿Puedo hacerte tres preguntas?*

*Y la serpiente le respondió:*

*–No acostumbro escuchar a nadie, pero como te voy a devorar, puedes preguntar.*

*–Dime, ¿pertenezco a tu cadena alimenticia?*

*–¡No!*

*–¿Te he hecho algún mal?*

*–¡No!*

*–Entonces, ¿cuál es la razón por la que quieres acabar conmigo?*

*–¡Porque no soporto verte brillar!... –esa fue la última respuesta de la serpiente.*

*La luciérnaga se quedó analizando por un momento... quería entender esta situación, porque no le encontraba ningún sentido. Y una vez que entendió que el único sentimiento que recorría todo el cuerpo de la serpiente era la envidia, volteó a verla, le sonrió y de inmediato comenzó a volar más y más alto. De esta forma la serpiente tuvo que alzar la mirada y se quedó viendo cómo la luciérnaga se alejaba, demostrándole que estaba totalmente fuera de su alcance.*

*Estando en lo más alto, la luciérnaga le gritó a la serpiente:*

*—Es hora de que aprendas a brillar tú misma de un modo tan hermoso, que aún nosotras las luciérnagas observemos con admiración tu gran resplandor.*

Recuerda que en esta vida hay muchas personas a las que les molesta el brillo de otras y no soportan ver ese resplandor. Envidian desde los logros, su familia, su vida, hasta la alegría y sonrisa que puedan tener. Si en algún momento la vida colocara en tu camino alguna persona así, jamás... jamás dejes de ser tú, nunca dejes de brillar, sigue siendo tú mismo, da lo mejor de ti, ¡sigue tras tus objetivos!, ¡ve por tus sueños!

En este momento ya eres tan fuerte, que ningún comentario, ninguna situación, ninguna persona podrá lastimarte ni detenerte; deja a esta gente, no te desgastes, ni pierdas energía, déjalos que se den cuenta con sus propios ojos, de la misma forma que lo hizo la serpiente, que no pueden afectarte y que estás fuera de su alcance, y quizás esto los motive a intentar brillar por sí mismos.

*La vida no es fácil para ninguno de nosotros. Pero ¡qué importa!*

*Hay que perseverar y, sobre todo, tener confianza en uno mismo, debemos*

*creer que fuimos dotados para algo, y ese algo es lo que tenemos que alcanzar,*

*cueste lo que cueste.*

**MARIE CURIE**
Física y científica polaca.
Premio Nobel de Física (1903) y Premio Nobel de Química (1911).

## SIGUE AVANZANDO CON
# SEGURIDAD

Con esa **seguridad** que ya desarrollaste, con la cual en el momento en el que las personas te escuchen hablar, cuando te vean expresarte y te miren directamente a los ojos, podrán ver ese fuego que refleja esa **seguridad** en ti mismo de que vas a lograr lo que tú quieras, en ese momento muchos te seguirán; y los que no lo hagan, intenten detenerte o lastimarte, esto realmente ya no te importará, porque tus principios y valores serán tan fuertes que nada podrá dañarte, porque tu corazón, tu cuerpo y tu mente están conectados a la idea y la fe de que estás aquí para lograr cualquier cosa que te propongas.

*Hay que tener fe en uno mismo. Ahí reside el secreto. Aun cuando estaba en el orfanato y recorría las calles buscando qué comer para vivir, incluso entonces, me consideraba el actor más grande del mundo. Sin la absoluta confianza en sí mismo, uno está destinado al fracaso.*

### CHARLES CHAPLIN
Actor, guionista, compositor, director y productor británico.
Considerado el cómico más grande del séptimo arte.

# LEY 7

JAMÁS TE RENDIRÁS ANTE NADA
NI NADIE, PORQUE TU MENTE ES
MÁS PODEROSA QUE TU CUERPO Y
TUS SENTIMIENTOS

Mentalidad De Tiburón

Habrá momentos en los que sientas que todo tu mundo está de cabeza, que las cosas no han salido como esperabas, que todo cada vez se vuelve más oscuro y no encuentras una salida.

Lo único que te puede ayudar a transformar todo esto que sientes, todo esto por lo que estás pasando, sin importar cómo estés, sin importar qué tanto te esté afectando, es tu MENTE. Esta es la que te dará ese poder que te impulsará a salir de esa oscuridad.

*La vida es un gran martillo que te golpeará una y otra vez, pero tú decides si esos golpes te parten a la mitad o, dependiendo de qué tan intenso sea el fuego que llevas en tu mente, te forjarán como al hierro incandescente.*

MANUEL SOTOMAYOR

En esta ley quiero platicarte de un personaje muy especial en el mundo del deporte, para ser exactos en el mundo del boxeo. Esta persona sin duda ha sido uno de los pesos pesados más imponentes que han existido, un peleador que tenía uno de los *uppercut* (golpe de poder, lanzado de abajo hacia arriba, dirigido a la barbilla) más potentes que han existido: él es Mike Tyson, un boxeador implacable, con una fuerza extraordinaria, y al pelear un instinto animal como pocos. En estas peleas existía una característica muy particular: cada vez que Mike pisaba el cuadrilátero, las peleas se terminaban en los primeros asaltos, debido al famoso uppercut que Mike poseía, un uppercut que en el momento en que tocaba a alguien lo mandaba a la lona noqueado y sin posibilidad de levantarse.

Las peleas actuales son muy diferentes. Hoy en día, cuando tus amigos te invitan a ver una pelea, puedes darte el lujo de decir: «Ok, los alcanzo por ahí del séptimo asalto, ya cuando empiece a ponerse buena la pelea». En las peleas de Mike, ¡de ninguna manera se podía hacer eso! Tenías que correr, si es que querías ver algo de esos movimientos extraordinarios y con una potencia inigualable.

Pero esta historia no es sobre Mike Tyson, esta historia es sobre el boxeador contra el cual peleó Tyson en Tokio, Japón, ese 11 de febrero de 1990: James «Buster» Douglas, un completo desconocido en el mundo del boxeo, una pelea que era meramente como un trámite para elevar las emociones y expectativas de la que sería la siguiente pelea, ya que el ganador iría contra Evander Holyfield, otro boxeador extraordinario. De hecho ya se comenzaba a hablar de la rivalidad que existía entre Tyson y Holyfield para esa pelea, como si Buster Douglas sólo fuera un pequeño escalón que había que pasar.

Ese día en Oriente fue histórico: Mike Tyson llegó acompañado de su representante, el famoso «Don King», el día de la pelea las apuestas se cotizaron 42-1 en favor de Tyson, quien traía un record invicto de 37 peleas, 32 de ellas por nocaut y 17 de estas fueron en el primer asalto... ¡en el primer asalto!, ¡Mike era una máquina imparable!

Pero esta historia comienza cuando la mamá de Buster Douglas se enteró de que su hijo iba a pelear contra el «asesino» Tyson. Imagina cómo se pondría tu mamá si se enterara de que vas a pelear contra Mike Tyson, ¡mi mamá se iría de espaldas! Pero con la mamá de Buster sucedió todo lo contrario, su mamá era de esas mamás de carácter muy fuerte, de hecho en una ocasión, cuando Buster era niño, llegó llorando a casa y le dijo a su mamá que otro niño lo había amenazado con pegarle. Ella se le acercó y le dijo: «Más te vale que no dejes que te peguen, porque si no seremos dos los que te golpearemos».

Con esta misma actitud respondió su mamá cuando se enteró de que su hijo pelearía por el campeonato mundial de pesos pesados.

Ella desde un inicio, dijo que su hijo le ganaría a Tyson. A partir de ese momento, en cada lugar que visitaba la mamá de Buster, les decía a todos que su hijo iba a ganar, que noquearía a Mike Tyson.

En una ocasión estaba la mamá con todas sus amigas diciéndoles que su hijo iba a ganar, de pronto llega Buster y escucha lo que su mamá estaba diciendo, él molesto le dice: «Mamá no estés diciendo eso, voy a pelear contra ¡Mike Tyson! Ya deja de decir que voy a ganarle». Esto a su mamá no le importó, ella seguía diciendo y diciendo que su hijo ganaría.

Pero todo cambió cuando justo días antes de la pelea, la mamá de Buster Douglas... falleció... la mamá que todo el tiempo estaba diciendo que su hijo ganaría murió días antes de la pelea.

Imagina cómo estaba Buster... Esto fue algo devastador, pero tenía que seguir adelante porque la pelea ya estaba lista, y tomó la decisión de enfrentar a Mike Tyson prometiéndose a sí mismo que esta pelea se la dedicaría a su mamá, quien ya no estaría en cuerpo presente, pero sí viéndolo desde un lugar muy especial.

¡Llega el momento! Suena la campana ante más de treinta y dos mil espectadores y millones de personas viendo los televisores... ¡Comienza el primer asalto!...

Mike, como siempre, sale como un toro ansioso por noquear a Buster ¡lo más rápido posible!, tal y como era su estilo, comenzó a soltar los bombazos, golpes llenos de poder al cuerpo de Buster, también desde un inicio Buster respondió de la misma forma. Y cuando finalizó el primer asalto, todos estaban a la espera de que en el segundo round fuera donde Tyson noquearía a Buster.

Suena la campana para el segundo asalto, Mike sale adelante ¡con todo!, dispuesto a noquear en este asalto a Buster; pero conforme pasaban los segundos de ese asalto, el público comenzaba a preguntarse por qué Buster no retrocedía. Cuando Mike tiraba un golpe, él tiraba dos. Esto comenzó a crear una expectativa mucho mayor para el público; los gritos, la emoción, los comentaristas, ¡todo estaba al máximo! Finalmente había alguien que no huía de los poderosos y temidos puños del campeón Tyson.

Esto provocó que los siguientes asaltos fueran cada vez más emocionantes, conforme pasaban los minutos Buster cobraba más confianza. Pasando por el 3ro, 4to, 5to, 6to, 7mo asalto, esto parecía una verdadera guerra entre dos titanes, en donde ninguno estaba dispuesto a perder. Al llegar el 8vo asalto, Mike desesperado por defender su título y su fama de invicto, salió con una mirada y decisión como si fuera el primer asalto, golpeó, golpeó y golpeó a Buster, hasta que de pronto, entre esas combinaciones de golpes, ¡liberó una verdadera bomba! Un golpe como ninguno en toda la pelea. ¡Su famoso y temido uppercut!, el cual logró impactar justo en la barbilla de Buster Douglas, un golpe que levantó la barbilla de Douglas más de 45 grados, llevando los ojos de Buster a mirar los reflectores que se encontraban en lo más alto del estadio. Las piernas de Douglas se doblaron como si fueran de plastilina, su cuerpo no le respondió y cayó... tal como un gran árbol que es talado, azotando con todo el peso de poco más de 231 libras en la lona. En ese momento... comenzó lo que todo boxeador teme y que quisiera jamás escuchar... ¡el conteo del réferi!

El conteo inició y parecía ser en cámara lenta: UNOOO... DOOOS... en el segundo dos, Buster golpea el suelo con el puño, haciendo alusión a su desesperación y coraje por haber caído, permanece en el suelo solamente apoyado por su brazo derecho, el réferi dice: TREEES... CUAAATRO... y Buster parece no moverse. Podemos imaginar que solo hay algo en su mente, y es el recuerdo de la promesa que se hizo, en la que dedicaría esta pelea a su mami... y él seguía aún tirado en la lona, se escucha: CIIINCO... y es cuando intenta girar su cuerpo para apoyarse en ese brazo derecho y levantarse, pero a pesar del movimiento y del gran esfuerzo ¡no puede! y ¡no puede!... SEEEIS... Nuevamente se queda inmóvil, voltea a ver al réferi como suplicando que detenga la cuenta y no siga más, pero cuando se escucha: SIEEETE... en ese momento Buster gira la cadera, apoya su brazo derecho y también el izquierdo, y como cuento de hadas, ¡todo el público impactado!, honrados de poder ver el ejemplo claro de un guerrero, ¡sin importar si sus piernas ya no le responden!, ¡sin importar si todo el cuerpo no responde!, Buster Douglas ¡se levanta en el segundo NUEVE del conteo!... ¡El primer boxeador en toda la historia!, ¡el primero en ponerse de pie después de recibir ese implacable golpe de Tyson! Y por si fuera poco, Douglas corrió con suerte, porque en cuanto logró ponerse de pie, ya venía Tyson a terminar lo que había empezado con ese golpe, pero de pronto Buster es salvado por el sonido de la campana, y cada uno de los boxeadores se voltea a su esquina. Buster camina hacia su zona de recuperación ¡tambaleándose!... Parecía que caería en cualquier momento. El esfuerzo que hizo para ponerse de pie fue algo sobrehumano, ¡pero lo logró! Buster hizo lo que ningún peleador: ¡tocar la lona en una pelea con Mike Tyson y levantarse!

Pero esto no termina ahí... Suena nuevamente la campana para dar inicio al 9no asalto, en el que Mike –confiado de que había mandado a la lona a su oponente– sabía que era su oportunidad y se le fue encima; pero para sorpresa de Tyson y de todo el público, Douglas seguía sin retroceder. Él se fue a los golpes contra Mike, sin importarle que había caído en el asalto anterior, esto desconcertó por completo a Mike.

Viene el 10mo asalto, en el que Buster Douglas siguió tirando golpes, combinaciones adelante, siempre adelante, y de pronto, en una de estas combinaciones, uno de los golpes se impacta en la quijada de Tyson para desbalancearlo. Douglas aprovechó ese momento para seguir tirando golpes, uno tras otro, haciendo que el campeón Tyson retrocediera, y de pronto... ¡Buster, con un golpe recto, conecta directo en la mandíbula de Tyson! ¡Un golpe que cambió la historia del boxeo! ¡Mandando a la lona a quien en sus 37 peleas nunca había estado en el suelo! ¡Buster Douglas había mandado a la lona al campeón invicto! ¡Había noqueado al boxeador que a ojos de muchos era invencible! ¡Douglas, quien tenía todas las apuestas en su contra 42-1! ¡Nadie creía que esto fuera posible! Solamente hubo una persona que siempre confió en él y que estuvo segura de esto, ¡la mamá de Buster! La mamá fue el motor que impulsó a Douglas a levantarse cuando todos lo creían acabado; cuando él mismo creía que no podría levantarse, cuando su cuerpo ya no reaccionaba, ¡Buster cumplió su promesa! Y no sólo ganó la pelea, sino que noqueó al campeón Mike Tyson, tal y como su mamá lo dijo desde el primer momento en que se enteró que su hijo pelearía. Al término de la pelea, entre festejos, gritos y empujones, justo en medio del ring, se le acercó un comentarista y le preguntó: «¿Por qué ganaste esta pelea?» Buster, todavía respirando agitado por la pelea, empapado en sudor y con la falta de aire, respondió: «¡Mi mamá!, ¡mi mamá!»

Recuerda que cuando exista en ti ese mínimo latido en tu corazón, aunque tus piernas ya no respondan, aunque tu cuerpo ya no pueda más, aunque tu corazón esté lastimado por alguna situación sentimental, aunque alguien a quien querías tuvo que adelantarse de este mundo, sea lo que sea, no permitas que ese **miedo o dolor** te detengan (en la LEY 12 abordaré este tema), ese miedo de sentir nuevamente el dolor por el que pasaste, recuerda el poder que tiene tu mente y no permitas que esto te deje en el suelo, siente cada uno de esos latidos de tu corazón que te están diciendo que a pesar de lo que estés o hayas pasado, ¡sigues vivo!

De ti depende quedarte ahí en el suelo, en el lugar favorito de los miedosos y perdedores, o levantarte como lo has hecho hasta ahora, sin importar cuántos golpes te den, sin importar cuántas veces te azoten contra el suelo, siempre seguirás luchando una y otra vez.

Esa es una de las características más poderosas de la Mentalidad De Tiburón, esta mentalidad que está en ti y que cada vez crece más y más.

**Jamás rendirse, prohibido rendirse, nunca detenerse, siempre seguir hacia adelante** sin importar lo que pase o lo que venga.

*Si no puedes volar entonces corre, si no puedes correr entonces camina, si no puedes caminar entonces arrástrate, pero sea lo que sea que hagas, sigue moviéndote hacia delante.*

MARTIN LUTHER KING JR.
Teólogo estadounidense, defensor de los derechos civiles.
Premio Nobel de la Paz (1964).

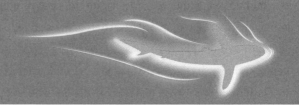

## SIGUE AVANZANDO CON
# VALENTÍA

La vida te pondrá a prueba una y otra vez, te golpeará y te tirará al suelo, quizá en algún momento te han roto el corazón, quizá te despidieron, quizá arrancaste un proyecto y no se dio, invertiste tu dinero en algo y lo perdiste, entrenaste para alguna competencia y no ganaste.

Cada vez que sucede algo así, es cuando la vida te está preparando, te está haciendo más fuerte, te está probando para ver si realmente te mereces lo que dices querer, si te quedas en el suelo llorando, nada de lo que quieres llegará a ti; sin embargo, cuando aceptas lo que pasó y lo entiendes, te darás cuenta que el éxito está ligado a aquellos que **no se vencen jamás** y quienes nunca se rinden. Podrán recibir mil golpes, podrán fallar, llorar, pero siempre se levantarán y seguirán adelante con esa **valentía** de enfrentar lo que sea.

*La mayoría de las cosas importantes en el mundo*
*han sido conseguidas por gente que **siguió intentándolo**,*
*aun cuando parecía no haber ninguna esperanza.*

DALE CARNEGIE
Escritor estadounidense, autor del bestseller
*Cómo ganar amigos e influir en las personas* (1936).

# LEY 8

## NO PERMITIRÁS QUE NINGUNA EXCUSA TE DETENGA O TE DESVÍE DE TU SUEÑO

Mentalidad De Tiburón

Cuántas veces te has dicho o has escuchado: ¡Estoy muy ocupado! ¡El tiempo no me alcanza! ¡Tengo mucho trabajo! ¡Esa persona es millonaria porque seguro heredó! ¡Ella está delgada y tiene buen cuerpo porque su genética es así! ¡La economía en el país está muy mal! ¡No hay dinero! ¡No hay trabajo!, y podría seguir con una lista interminable.

¿Sabes cómo se le llama a todo esto? «Suavizantes mentales», a lo que comúnmente se les conoce como excusas.

Pero ¿qué sucede?, ¿por qué los utilizamos? Porque psicológicamente nos ayudan a sentirnos bien con nosotros mismos, nos permiten cobijarnos en algo que creemos que no se puede cambiar, por lo que esto genera en la persona un estado de bienestar, de conformidad, que aunque no logre lo que se propuso, inconscientemente y aparentemente, esos suavizantes mentales la harán sentir feliz. A esto yo lo llamo estar muerto en vida.

*Lo imposible es el fantasma de los tímidos y el refugio de los cobardes*

NAPOLEÓN BONAPARTE
Primer cónsul y emperador de Francia (1804-1815).
Considerado uno de los mejores estrategas militares en la historia.

En tu vida existirán muchos momentos de inspiración en los que vendrá a ti una idea, un proyecto, un sueño, y solamente dependerá de ti. Si te atreves a ir tras él, en ese instante en el que tomas la decisión de transformar ese sueño en un objetivo ¡será uno de los momentos más emocionantes!... y llegarán a ti muchos sentimientos; desde esa alegría al visualizarte logrando lo que quieres, hasta quizá un poco de miedo a fracasar, pero es ese momento el que definirá una parte de tu éxito. El resto dependerá de qué tanto quieras y puedas seguir avanzando.

Porque en este camino, que tú elegiste, te darás cuenta que existirán muchos obstáculos, muchas dudas, y cuando esto suceda, es justo cuando no debes permitir que estos obstáculos tengan efecto en ti. Tienes que demostrarte que no vas a permitir que nada ni nadie te desvíe de ese sueño y que tu Mentalidad De Tiburón cada vez es más poderosa y esta no te dejará detenerte hasta lograr lo que quieres.

¿Te has preguntado alguna vez por qué no todos tienen lo que quieren?, ¿por qué la gran mayoría no consigue lo que se propone?

Hay una razón muy sencilla...

Pero antes quiero ponerte este ejemplo:

¿Cuántas veces no nos ha pasado y hemos dicho: «¡Ahora sí voy a hacer ejercicio!»?... Y cuando ya estamos decididos a ir a caminar, a correr, o al gym, suena nuestro teléfono:

Amigo: «¿Cómo estás? Oye, vamos a la inauguración del nuevo antro, va estar increíble, ¡este es el evento del año!»

Tú: «Pero... ¿esta no va a ser igual que la del fin pasado y el antepasado y todas a las que me has invitado?»

Amigo: «¡No!, esta sí es otra cosa, ¡va a estar increíble! ¡No puedes perdértelo! ¡Vamos!»

Y pues... ¿qué hacemos? ¡Es el evento del año!, ¡no podemos faltar!, entonces colgamos y nos vamos con nuestros amigos.

También, ¿cuántas veces no hemos dicho: «Ahora sí me voy a poner a dieta»?, ¿y qué pasa? Decimos: «¡Mejor empiezo mañana!, ¡ahora sí ya empiezo el lunes!», siempre es después, después y después... Siempre estamos posponiendo lo que queremos.

Cada vez que decimos, ¡quiero lograr esto!, ¡quiero lograr lo otro! Estamos siendo incongruentes, nos estamos engañando, ¡si lo quieres! ¡Hazlo! Deja a un lado todos esos pretextos, ¡quita de tu cabeza esos suavizantes mentales! y ¡ve por lo que quieres!, cualquier cosa que quieras ser, hacer o tener, lo puedes lograr... pero primero tienes que comprometerte con lo que dices que vas a lograr.

Porque como te dije anteriormente, hay una razón muy sencilla de por qué la gran mayoría de las personas no tiene lo que quiere, no logra lo que se propone y no cumple sus objetivos.

Esta razón es... ¡QUE REALMENTE NO LO QUIEREN!

¡Prefieren y quieren más salir a divertirse, que enfocarse en su meta! ¡Quieren más, comer todo lo que se les antoja!, que tomar la decisión de cuidar su cuerpo. ¡Quieren más, dormir!, que trabajar duro. ¡Quieren más, estar tranquilos!, que no tener presiones, no tomar riesgos, no tener fracasos, no pasar por desilusiones, rechazos, no enfrentar sacrificios... ¡que realmente arriesgarse e ir tras lo que quieren!

Estas son algunas de las razones por las cuales existen dos tipos de personas: las que logran lo que quieren y las que solamente pasan su vida llenándola de pretextos, soñando y engañándose a sí mismos sin tomar acción y sin lograr nada.

¿Qué tipo de persona quieres ser tú?...

Lo primero que tienes que preguntarte es si realmente estás dispuesto a enfrentar todo lo que venga por conseguir lo que quieres, teniendo la certeza de que es algo bueno para ti y para los que te rodean, estando dispuesto a enfrentar lo que otros llamarían sacrificios. ¡Pero para ti no!, ¡para ti son simples escalones!, algunos más grandes que otros, pero estás consciente que cada uno de ellos te acercará cada vez más a tu objetivo.

Yo sé que estás dispuesto a enfrentar todo, a subir esos escalones sin importar si uno o varios de ellos son enormes, ¡tú y yo sabemos perfectamente qué tipo de persona eres!

A lo largo de mi carrera deportiva vi desaparecer a muchísimos talentos. ¿Por qué? Precisamente por no tener esa capacidad de seguir adelante, por tomar malas decisiones, por dejarse vencer por los pretextos, las adversidades, por malas amistades, amigos que aparentemente eran sus «amigos», pero la verdad es que solo buscaban divertirse y su beneficio. Vi a muchos que tenían un potencial altísimo, pero comenzaron a decaer debido a malas relaciones, algunos también con sus novias o novios porque a estas personas no les interesaba lo que hacían, y en lugar de apoyarlos, impulsarlos, hacer equipo y seguir juntos hacia adelante, hacían todo lo contrario, los perjudicaban, los jalaban a lo malo, convirtiéndose en un ancla de su desarrollo.

En este camino hacia tus objetivos tienes que aprender a observar a tu alrededor, aprender a identificar a este tipo de personas, quienes no te dejarán nada bueno y solamente te arrastrarán. Quizás en algún momento te equivocarás al elegir a tus amistades, también es parte de la vida el fallar, pero esto te permitirá aprender con cada experiencia, y con el tiempo debes hacerte experto, para que de ahora en adelante con solo platicar unos minutos aprendas a leer la actitud que las personas tienen ante la vida y te podrás dar cuenta si serán positivas o negativas en tu camino.

*Una de las principales fortalezas de la gente exitosa es saber rodearse de gente con una mentalidad positiva.*

JACK CANFIELD
Historiador, escritor y motivador estadounidense.

Existen dos palabras que parecen ser mágicas y que te ayudarán a seguir en el camino. Ese camino que elegiste hacia tus objetivos sin que nada te desvíe, pero la gran mayoría no sabe decirlas, porque no tienen esa fortaleza para defender ese camino que eligieron. Estas dos palabras son: **¡No gracias!**

¿Sabes cuántas veces les tuve que decir a amigos, amigas, a novias, incluso hasta a mis familiares, ¡no gracias!? Porque tenía entrenamiento, ¡no gracias! Porque estaba tras un objetivo... Tienes que aprender a ser firme en tus convicciones y si decidiste tomar un camino, no dejes que la gente que no tiene metas ni objetivos influya en ti.

Cuando platico con amigos quienes fueron atletas, y por cierto algunos de ellos ¡con un talento enorme!, pero que lamentablemente no llegaron a lograr más por no saber decir: ¡no gracias!... ¿Sabes qué es lo que me dicen? Que hasta ahora entienden y se dan cuenta que renunciaron a sus sueños por esas aparentes amistades, por la fiesta, o por una relación que en ese momento parecía ser algo bueno, pero que con el paso del tiempo todo esto solamente los alejó de lo que querían, y ahora no tienen ni esas relaciones ni su sueño.

Esto te lo comento porque quiero que te des cuenta que cuando se tiene un objetivo tienes que buscar gente que tenga también objetivos. No dejes que el tiempo sea el que te enseñe esta lección, busca gente con hambre de triunfo, hambre de hacer algo grande, gente positiva, gente que te impulse y te motive, porque de este modo, así como ellos te apoyarán, será recíproco y tú también serás un impulso importante para ellos, de esta forma harán un equipo imparable.

Sé que quizás tengas que pasar por algunas situaciones en las que la gente que te rodea no compartirá esa misma visión que tienes, ese mismo ímpetu por lograr cosas nuevas, pero tienes que aprender primero a convertirte en ese ejemplo, para que tus actos sean los que los motiven a seguirte, y si después de hacer esto, si después de querer invitarlos a que compartan tu visión o que ellos mismos creen la suya, no lo logras... respétalos, entiéndelos y date cuenta de por qué no todos triunfan, pero al entenderlos, esto te permitirá estar tranquilo, porque hay veces que esto te sucederá con tu misma familia. No los culpes, no te enojes, no te desesperes, sigue manteniendo tus buenos sentimientos hacia ellos, sigue por lo que quieres, tarde o temprano serás un ejemplo para ellos y para toda la gente que te rodea, y de esta forma se darán cuenta que eres diferente a los demás, se darán cuenta que lograste lo que querías y te respetarán.

Recuerda que el Tiburón Blanco cuando elige un objetivo tiene la capacidad de mantener una visión de túnel, un gran enfoque, el cual evita que cualquier distracción externa a este lo haga desviarse o detenerse.

Sigue por ese camino que elegiste, pero por favor, ¡no te engañes! Si quieres algo, ¡ve tras eso!, esfuérzate, cúmplelo, aprende a decir ¡no gracias! Cuando algo quiera desviarte, no permitas que ningún suavizante mental, ninguna excusa por mínima que sea, se pare enfrente de tu camino.

*El que es bueno para poner excusas, rara vez es bueno para algo más.*

BENJAMIN FRANKLIN
Escritor, político y científico estadounidense (1706-1790).

### SIGUE AVANZANDO CON
## PERSEVERANCIA

Una vez que decidas hacer algo y esto tenga un impacto positivo en tu vida, en los que te rodean o incluso en toda una sociedad, ten en cuenta que aparecerán muchas personas que no verán lo mismo que tú, y su capacidad mental respecto a tu visión será diferente. Muchos te dirán... que no se puede... está muy difícil... intenta otra cosa... no sigas tras esa idea, o muchas cosas más.

Pero es aquí cuando tu mente tiene que desarrollar esa **perseverancia**, esa capacidad de mantenerte firme sin desviarte y con esa fuerza constante hacia lo que tú quieres, para poder proteger con todo tu ser esa idea que nació en ti, esa semilla del objetivo que deseas.

Recuerda que nadie va a alimentar esa idea, nadie la va a cuidar por ti, y mucho menos defenderla.

Pregúntate nuevamente: ¿qué es lo que quieres lograr?

Y si esa idea está en tu mente y en tu corazón... ¡No permitas que nada te detenga!

*No es la fuerza, sino la **perseverancia** de los altos sentimientos la que hace a los hombres superiores.*

**FRIEDRICH NIETZSCHE**
Escritor, poeta, filósofo y músico alemán (1844-1900).

# LEY 9

## CUIDARÁS Y ALIMENTARÁS TU CUERPO COMO EL INSTRUMENTO MÁS PRECIADO Y VALIOSO QUE TIENES

Mentalidad De Tiburón

Primero ordena tu imagen y tu vida, si lo haces ganarás respeto y serás una poderosa influencia mediante un efecto en onda; si tú funcionas, tu trabajo funciona, influyes en tu familia y amigos... Si tu familia funciona, influyes en la sociedad... Si tu sociedad funciona, influyes en tu país... Si tu país funciona, influyes en el mundo...

*Empieza por ti mismo.*
FILOSOFÍA TAOÍSTA

*Cuida tu cuerpo con inquebrantable fidelidad. El cuerpo son los ojos del alma, y si los ojos no ven bien, todo el mundo se verá en tinieblas.*
WOLFGANG VON GOETHE
Pintor, poeta, novelista y científico alemán (1749-1832).

Antes de seguir con esta ley, me gustaría que te tomaras un momento para pensar y preguntarte: ¿Quién es la persona más importante en tu vida?

Sé que quizás digas mis papás, mi novia, novio, esposa, esposo. Si tienes hijos, quizá digas mis hijos, quizá digas algún hermano o amigo, ¡y está bien!

Pero hay algo de lo que tienes que estar muy consciente... para poder proteger, cuidar y brindar lo que tu gente o tu familia necesita, la persona más importante y que tiene que estar al 100%... eres tú.

Qué pasaría si cada día al levantarte te sintieras sin energía, sin ganas de hacer lo que te corresponde, como ir a la escuela, entrenar, practicar, trabajar, cuidar tu casa, cuidar a tu familia; qué pasaría si de pronto te enfermaras por no cuidar tu cuerpo, por no alimentarte de forma correcta; qué pasaría si de pronto algún vicio empezara a destruir toda tu vida.

Por más que digas que quieres y que amas a tus seres queridos, ¡esto sería una mentira!, porque no puedes querer a alguien si te estás destruyendo. No puedes decir que los amas si no te cuidas para estar ahí en el momento que te necesiten, no puedes decir que quieres proteger a tu familia si no te proteges a ti mismo. No puedes amar a alguien si no te cuidas y te amas primero. Si tú estás al 100% cada persona que esté cerca de ti estará bien, y si no lo está, serás una influencia positiva muy poderosa.

Desde este momento no importa si tienes algún vicio, si sientes ansiedad por comer y comer o tienes una mala alimentación, si tienes alguna enfermedad debido a un mal cuidado de tu cuerpo, o si crees que hacer ejercicio es solo para buscar un buen aspecto físico. Este es el momento para que puedas transformar tu vida.

Quizá hoy no dependa nadie de ti y sea más fácil para ti el decir: ¡no pasa nada si me alimento mal!, ¡no pasa nada si tomo azúcar en exceso!, ¡no pasa nada si tengo algún vicio!, ¡no pasa nada si no ejercito mi cuerpo!

Como lo mencioné anteriormente, si nadie depende de ti, lo que te puedo decir es… no esperes a que la vida te de un golpe y te haga entender esto de otra forma. Pero si en tu vida existe una sola persona que dependa de ti, con mucha más razón no puedes permitir que esta debilidad humana te tumbe. Esta debilidad de no cuidarte, de no alimentarte bien, de no hacer ejercicio y que te ganen los vicios, ¡no lo permitas! Hazlo por quien está esperándote para darte un abrazo, que esto sea un motivante, pero lo más importante es que lo hagas por quien aparece en el espejo todas las mañanas.

Con todo esto no quiero que pienses que esto es una forma de sacrificio, que ya nunca comas lo que más te gusta, al contrario, precisamente el poder controlarte, el tener una disciplina de ejercicio, te permite comer lo que tú quieras y te permite disfrutar al máximo cada alimento. En mi caso, gracias a que existen las verduras, es que amo la pizza ☺, pero no por eso como pizza todos los días, porque si hiciera eso dejaría de gustarme. La vida es un balance y para que tu cuerpo pueda disfrutar al máximo hay que aprender a tener disciplina en todo lo que hagas.

¿Quieres mejorar tu vida, tu cuerpo, tu salud y tu imagen? Comienza ejercitando tu voluntad con pequeños sí y sencillos y decididos NO, porque la voluntad es como un músculo que hay que desarrollar. Nadie nace con esta fuerza de voluntad, se va fortaleciendo día con día, hasta lograr hacer de ella tu mejor aliada para el logro de tus metas.

*Cuida tu cuerpo, es el único lugar que tienes para vivir.*

**JIM ROHN**
Escritor, motivador y empresario estadounidense (1930-2009).

Todos somos valiosos por lo que somos, por nuestra esencia, por nuestra forma de ser, y en especial tú. Así es como debes sentirte siempre, ¡como la persona más importante en todo el mundo!... Cuando hablamos de nuestra persona, de nuestra imagen, hay algo muy similar al proceso que tiene que pasar un carbón para poder convertirse en diamante. Para empezar, su proceso solo se puede dar bajo una **presión altísima** y a una temperatura por encima de los 900 °C, a más de 150 kilómetros bajo la superficie de la tierra (litósfera). Después de un tiempo considerable se forma el diamante –todavía en forma de carbón–, pero su proceso no termina ahí, de hecho esta es una imagen de cómo es en esa primera etapa.

Para poder llegar a ser ese hermoso diamante que conocemos, el carbón tiene que pasar por otros procesos de corte y pulido. Como te lo comentaba, de igual forma sucede con nuestra persona, tenemos que pasar por diferentes procesos en donde algunos de estos nos dolerán, nos costarán trabajo, otros nos desgastarán,

pero para poder brillar hay que soportar esa presión altísima, recibir esos golpes y pulirnos, al igual que se hace con el carbón para transformarlo en un diamante, manteniendo siempre su misma esencia, pero ahora con mucho más brillo.

La imagen tiene un poder que no muchas personas conocen. No muchos la utilizan, porque una buena imagen te ayudará a generar un impacto positivo e influir en la gente, lo cual es una herramienta más, para poder alcanzar tus objetivos. En ti está el decidir si quieres ser un carbón o trabajar para transformarte en un diamante.

Antes de empezar con algunos de los aspectos, los cuales te orientarán para ayudarte a conocer más tu cuerpo, así como también para que puedas utilizar la imagen que proyectas a tu favor en el logro de tus metas, quiero enfatizar que el aspecto de la imagen es importante, pero algo que determinará tu futuro, como lo mencioné en el proceso del diamante, es tu esencia como persona. Primero tienes que aprender a valorar quién eres, sin compararte con nadie. Eres alguien único y tienes que aprender a amar lo que eres, tanto por dentro como por fuera, pero primero como ser humano, porque el aspecto físico pierde todo si no hay buenos sentimientos, si no estás contento contigo, si no estás en paz, ¿y por qué hago énfasis en lo interior?... Porque lo físico tiene valor gracias a la persona que eres, a esos sentimientos que están en tu corazón y en tu mente. Lo demás puedes pulirlo y trabajarlo hasta donde tú quieras, pero si el interior no está bien, ¡lo de afuera no vale nada!

Trabaja también en tus pensamientos y sentimientos, porque el mejor complemento para cualquier cosa que quieras hacer en la vida es una sonrisa auténtica, y esta solo puede venir desde tu interior... Para lo demás, aquí te dejo algunos consejos que ayudarán a potenciar tu imagen.

Muchas personas podrán decir... ¡no importa si no me arreglo, no importa si no me cuido!... ¡Y claro que sí importa!, porque déjame decirte que entre el 70 y 80% de las decisiones que tomamos provienen de la vista. Esto te puede dar una ventaja o desventaja en el momento de alguna negociación, en el momento de presentar algún proyecto o trabajo.

Lo más delicado en este punto es que así como tu imagen influye en los pensamientos y sentimientos de los demás, también influye muy fuerte en ti y en cómo te ves.

Parecerá un poco trillado pero es real, «como te ves, te sientes, y cómo te sientes, es lo que reflejas». Analiza un poco tu alrededor y te darás cuenta quién por su forma de vestir, cuidado personal, comunicación verbal y expresión corporal está logrando o trabajando por lo que quiere, disfrutando su vida.

La imagen es tu carta de presentación, es la forma en la que te presentarás con las personas sin necesidad de hablar, porque por ejemplo: ¿qué refleja una persona que llega bañada, arreglada y peinada?... Y con arreglada no me refiero a que todo el tiempo tienes que estar de smoking o vestido largo, ¡no!, tienes que ser inteligente y flexible y, dependiendo de la ocasión, crear estrategias de imagen afines a tus objetivos.

Pero regresando al ejemplo, ¿qué refleja esa persona?... Para empezar, refleja que es una persona que tuvo el interés y se esforzó un poco más para levantarse unos minutos más temprano para arreglarse; ¿qué te refleja un persona que hace ejercicio y cuida su alimentación?... Que es una persona con disciplina, con fuerza de voluntad y que sabe administrar su tiempo.

Recuerda que los primeros siete segundos en los que conoces a alguien son fundamentales.

Esa persona hará un juicio completo de ti y tú de ella.

En los negocios la imagen es un aspecto poderoso y fundamental, y no existe ninguna área de nuestra vida en la que no utilicemos y dependamos de una negociación.

¿Cuál es la herramienta más valiosa que tienes para poder hacer y lograr lo que quieres?

Tu cuerpo... Es lo más importante que tienes en el mundo, y para que te responda con toda su capacidad tienes que respetarlo, cuidarlo, alimentarlo y darle el descanso adecuado, si es que quieres tener energía y fuerza tanto mental como física, porque tú eres el único que puede ayudarle o perjudicarlo.

Voy a compartir contigo algunos principios básicos y sencillos de cómo puedes elevar al máximo el rendimiento de tu cuerpo.

Primero, tienes que identificar cuál es tu tipo de cuerpo, cuál es tu somatotipo, pero... ¿qué significa esto? Existen 3 tipos de cuerpos, con estos podrás identificar fácilmente a cuál corresponde el tuyo, también hay combinaciones entre los 3 tipos y no quiere decir que uno sea mejor que otro, simplemente funcionan de diferente forma.

¿Pero para qué te ayudará esto?

Es muy importante que sepas dónde estás parado y a dónde quieres llegar. Para poder alcanzar tu objetivo físico más fácil y rápido, tienes que preguntarte: ¿Qué es lo que quieres? ¿Quieres quemar grasa? ¿Quieres tener más energía? ¿Quieres aumentar músculo? Primero tienes que saber a qué tipo de cuerpo pertenece el tuyo.

## LOS 3 TIPOS DE CUERPOS SON:

### ECTOMORFO

- Cuerpo delgado.
- Metabolismo acelerado.
- Quema de grasa acelerada.
- Con un poco de ejercicio cardiovascular puedes deshacerte de la grasa acumulada.
- Requiere una mayor disciplina para ganar músculo, debe trabajar fuerte en el gym y llevar una alimentación adecuada.

(+ carbohidratos + proteínas = incremento de masa muscular)

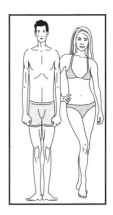

## MESOMORFO

- Cuerpo de estructura media.
- Metabolismo semiacelerado.
- Quema de grasa media.
- Necesitas un programa cardiovascular ocasional para comenzar a quemar esa grasa incómoda.
- Gana músculo con facilidad con un trabajo regular de gym y alimentación adecuada.

(+ carbohidratos + proteínas = incremento de masa muscular)

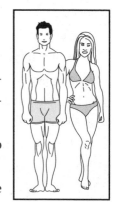

## ENDOMORFO

- Cuerpo de estructura grande.
- Metabolismo lento.
- Quema de grasa lenta.
- Es indispensable seguir un programa cardiovascular frecuente para disminuir la grasa almacenada.
- Gana músculo con mucha facilidad.
- Se requiere cuidar mucho la ingesta calórica para no subir el porcentaje de grasa.

(- carbohidratos + proteínas = disminución de grasa y ganancia muscular)

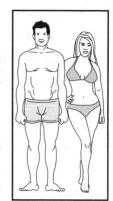

Una vez que identificaste a cuál de estos tres tipos de cuerpo se parece el tuyo, y ya conociendo cuáles son las principales características de cada uno, es importante que establezcas una meta, pero antes debes conocer un poco los alimentos básicos para que puedas llevar a tu cuerpo a ese objetivo que quieres.

¿Qué son las proteínas, carbohidratos y grasas?

Te dejaré conceptos muy básicos de cada uno para que sepas identificarlos y puedas tener una idea de cómo alimentarte. No entraré en detalle, ya que el tema de la nutrición es muy amplio y me llevaría mucho tiempo explicarte cada uno de los conceptos. A continuación te compartiré de una forma simplificada lo más importante y lo que te serviría en tu día a día. Mi recomendación es que veas a algún nutriólogo de confianza para que te oriente, o también puedes contactarnos para que los expertos de nuestro equipo te desarrollen un plan acorde a tus necesidades; de cualquier forma esto que te comparto, es el primer paso para comenzar una vida más sana y con más energía.

## CARBOHIDRATOS

Comenzaré por estos, ya que muchas veces podemos confundirnos y creer que cuando alguien se refiere a comer carbohidratos... se refiere a esa deliciosa pizza, hamburguesa con papas fritas, *cupcakes*, donas o pasteles, ¡y sí!, son carbohidratos, pero... no los que tu cuerpo necesita para un buen desempeño.

Los carbohidratos se dividen en dos:

## CARBOHIDRATOS SIMPLES

Estos son algunos de los carbohidratos simples que no te aportan ni vitaminas ni minerales, o en muy bajas cantidades y que pueden afectar a tu salud: prácticamente todos los alimentos procesados, comida rápida, pizzas, hamburguesas, papas fritas, pasteles, chocolates, *cupcakes*, donas, dulces, jarabes artificiales, galletas, harina refinada, azúcar de mesa y algunos otros; este listado te da una idea para que puedas identificarlos y moderar su consumo.

Son los que tu cuerpo asimila de forma inmediata, y aunque puede sonar como algo bueno, si no estás por realizar una actividad física que requiera energía, su consumo puede convertirse en algo malo, provocando un incremento en el nivel glucémico en el torrente sanguíneo (azúcar). Para contrarrestar este alto nivel de azúcar en la sangre, tu cuerpo genera insulina, la cual tiene como función enviar este exceso de glucosa a las células, sobrecargando los sistemas de producción de energía celular, ya que estas células solamente requieren una cierta cantidad de energía. Al haberlas sobrecargado, esto generará un excedente, el cual es el que se convertirá en grasa, depositándose en los tejidos para su uso futuro, y tú serás quien decide si la utilizarás o la dejarás acumulándose, perjudicando tu salud.

El consumo excesivo de carbohidratos simples te puede provocar:

- Desequilibrio metabólico y fatiga.
- Aumento de triglicéridos en la sangre y posibles complicaciones cardiacas.
- Diabetes y otras enfermedades.

- Al tener un gran aumento de azúcar en el cuerpo, después viene una caída de la misma, afectando parte del cerebro que controla los impulsos, lo cual conduce a una pérdida de control y ansiedad por seguir consumiendo este tipo de alimentos.

## CARBOHIDRATOS COMPUESTOS

Algunos de estos son: avena, maíz, pastas de trigo integral, salvado, trigo, arroz integral, panes integrales, cereales integrales, leguminosas, algunas frutas y verduras, entre otros.

Todos ellos son absorbidos por tu cuerpo lentamente. Esto es algo bueno, ya que al ser una absorción lenta, el glucógeno entra en cantidades moderadas al torrente sanguíneo, y esto permite una mejor asimilación de azúcar.

Pero si los consumes en grandes cantidades y no realizas alguna actividad física, aunque sean carbohidratos compuestos (carbohidratos buenos), de igual forma se generará un excedente, el cual se convertirá en grasa y se depositará en los tejidos. La ingesta de estos debe ser acorde a tu actividad diaria.

Estos te brindan:

- Energía por más tiempo.
- Aceleran tu metabolismo.
- Generan un estado de saciedad.
- Control en los niveles de triglicéridos y colesterol en la sangre.

Te voy a compartir algo que no mucha gente conoce, y es que el **carbohidrato compuesto (bueno)** es el mejor amigo de la quema de grasa, porque la gran mayoría cree que al quitar los carbohidratos el cuerpo quemará más grasa y esto es totalmente erróneo. De hecho sucede todo lo contrario, cuando nuestro cuerpo no recibe carbohidratos, en automático se pone en el modo de supervivencia, porque no recibe ninguna forma para poder generar energía y de este modo lo que hace es almacenar las grasas como reserva de energía, comenzando a alimentarse de los músculos. Si quitas los carbohidratos de tu alimentación, lo último que tu cuerpo quemará será la grasa; es por esto que debes incluir en tu dieta diaria carbohidratos buenos.

La mejor forma de acelerar tu metabolismo y por consiguiente una mayor quema de grasa se logra comiendo cinco veces al día, pero no me refiero a cinco veces como buffet, ¡no!... cinco de esta manera:

> **desayuno** / snack (fruta o verduras) /
> **comida** / snack (fruta o verduras) / **cena**

Recuerda que al levantarte tienes aproximadamente 45 minutos para que tu cuerpo reciba alimento. De lo contrario, el metabolismo se hace más lento (quema menos calorías).

Con lo que te acabo de comentar respecto a los carbohidratos, de ahora en adelante tienes una idea de cuáles son buenos y cuáles son malos, cuáles le hacen bien a tu cuerpo y cuáles no.

## PROTEÍNAS

En términos simples, son el principal nutriente para el desarrollo y mantenimiento de tu cuerpo. Desde los huesos, pasando por los tejidos del mismo, como los músculos, órganos, piel, pelo, uñas y hasta la sangre. De hecho, no existe ningún proceso biológico en el que no tengan participación estas moléculas esenciales. Además son un factor clave en la formación de anticuerpos para proteger a tu organismo.

Las proteínas son tan importantes que la falta del consumo de estas es una de las principales causas de desnutrición a nivel mundial.

Al no consumir una cantidad adecuada de proteínas, esto puede provocar en tu cuerpo algunos de los siguientes síntomas:

- Bajo nivel de energía.
- Bajo volumen de masa muscular y disminución de peso.
- Poca resistencia a las enfermedades.
- Semblante cansado.
- Debilitamiento del cabello, piel y uñas.
- Dificultad para dormir.

Estos son algunos alimentos ricos en proteínas para que puedas identificarlos: pollo, huevo, pescado, atún, salmón, mariscos, carne roja magra, queso cottage, entre otros.

Es importante que analices la información que te estoy dando, y no porque aparezca en esta lista la carne roja vas a comer diario carne roja, porque esto puede perjudicarte. Tienes que comer de forma balanceada para que puedas aprovechar al máximo todos los nutrientes de los alimentos.

## GRASAS

Estas también son necesarias para el funcionamiento correcto de tu cuerpo, y me imagino esa sonrisa que debes tener en este momento al mencionar que las grasas son necesarias, ¡pero no esas grasas que estás pensando!, esas que hacen brillar de una forma deliciosa a esas alitas fritas, a la pizza, ese jugo que escurre de las hamburguesas... ¡No!, ¡esas no! Precisamente esas son las que no te ayudan. Al igual que con los carbohidratos, hay grasas buenas y malas, y estas que acabo de mencionar, por más que nos guste consumirlas, son las malas, pero no es el fin del mundo. Al contrario, entre mejor aprendas a comer y combinar alimentos, podrás darte gustos de cualquier tipo de comida que quieras... «Gustos», no semanas continuas.

Muchas veces no nos damos cuenta de la importantica que tiene alimentarnos de forma correcta. Y las grasas son un factor que puede llegar a ser ¡de vida o muerte! Quizá una de las funciones más importantes que realizan las grasas buenas en el cuerpo humano consiste en que cada una de las células que tenemos está rodeada por una membrana compuesta principalmente por ácidos grasos, y esta membrana es la que permite que ingresen a la célula los nutrientes en las cantidades necesarias y que los elementos tóxicos o desechos sean eliminados con rapidez. Por lo que es fundamental que esta membrana esté en buen estado para poder funcionar de forma adecuada.

Ingerir altas cantidades de grasas saturadas, o grasas *trans* (grasas malas), provoca que las membranas que protegen a las células se endurezcan y pierdan la fluidez que necesitan para realizar su función correcta, protegiendo a tu cuerpo, ya que las células que no están rodeadas por una membrana saludable pierden esta habilidad y otros nutrientes vitales para su funcionamiento óptimo.

Algunos alimentos que contienen grasas malas (saturadas y *trans*) son: mantequilla, manteca, pasteles, donas, galletas, chocolates, todo lo que esté frito, alimentos procesados, entre otros.

Estas son algunas de las situaciones que puedes evitar consumiendo cantidades mínimas o nulas de estas grasas malas, ya que:

- Aceleran el proceso de envejecimiento.
- Afectan el sistema nervioso central y por ende el sistema inmunológico.
- Incrementan el riesgo de enfermedades cardiacas.
- Aumentan el riesgo de diabetes tipo 2.
- Elevan el riesgo de enfermedades cerebrovasculares (derrames cerebrales).
- Se adhieren en las paredes de arterias y venas, incluyendo el corazón y el cerebro.
- Incrementan el colesterol malo y disminuyen el bueno.
- Propician obesidad y sobrepeso.
- Propician el aumento del ácido úrico.

La anterior es una pequeña lista de todo lo que pueden causar las grasas malas; ¿por qué te comento esto?... No es con el afán de que veas la comida con miedo, al contrario, es para que tengas el conocimiento y tú seas quien decida y controle qué es lo que entra o no a tu cuerpo, para que pueda estar al 100% y pueda responderte para todos los objetivos que quieres lograr.

Algunos alimentos que contienen grasas buenas son: aceite de oliva, aceite de girasol, canola, almendras, avellanas, aceitunas, aguacate, pescados azules como el atún, salmón, sardinas, entre otros.

Las grasas buenas son necesarias porque:

- Aceleran el metabolismo.
- Incrementan de forma natural la quema de grasa.
- Evitan la acumulación de grasa en el cuerpo.
- Ayudan a mejorar la función cerebral.
- En el caso de las mujeres, ayudan en los síntomas del síndrome premenstrual y la menopausia.
- Tus membranas celulares serán más saludables evitando enfermedades.

## VITAMINAS Y MINERALES

Por último, te hablaré de las vitaminas y minerales. Esta parte es muy sencilla después de haber visto todo lo anterior. Mi recomendación es: carbohidratos buenos y grasas buenas son los que contienen vitaminas y minerales, los cuales son una parte muy esencial en tu alimentación. Recuerda que todos los alimentos malos de los que hemos hablado contienen muy pequeñas dosis de vitaminas y minerales, y la gran mayoría no tiene nada.

## HIDRATACIÓN

La hidratación es otro punto muy importante e igual de extenso, pero para simplificarlo lo pondré de esta manera: para conocer la cantidad correcta de agua que tu cuerpo necesita, existen muchos factores, ya que depende de tu actividad diaria y en dónde vives; también hay que considerar el clima, la altitud y otros factores, pero para hacerlo fácil te daré un promedio adecuado del consumo necesario.

- Hombres de 2-3 litros diarios
- Mujeres de 2-2.2 litros diarios

Es muy importante que aprendas a conocer cómo funciona tu cuerpo. Si tienes sed, te está indicando que está deshidratado. Este es el punto al que no tienes que llegar, tienes que estar al pendiente como si este fuera tu máquina favorita.

Es de vital importancia mantener tu cuerpo hidratado porque:

- Limpia tus riñones de sustancias tóxicas.
- El cerebro se compone de aproximadamente 75% de agua, por lo que una deshidratación te provocará dolores de cabeza.
- Transporta nutrientes y oxígeno a las células.
- Ayuda a quemar una mayor cantidad de calorías.
- Ayuda a tu sistema inmunológico.
- Incrementa tu energía.

De ahora en adelante ya tienes un mayor conocimiento de lo que le hace bien a tu cuerpo. Tú eres quien tiene la decisión final.

## DESCANSO

El sueño es uno de los temas más extensos de la ciencia y una parte de vital importancia que complementa nuestra vida. La mayoría de las personas, debido a la falta de conocimiento, no le dan la importancia que amerita este aspecto, a pesar de que es un tema tan delicado y que puede brindarnos muchos beneficios o afectarnos.

Una de las preguntas más comunes es: ¿cuántas horas debo dormir? Es una pregunta que tiene muchas variantes, ya que depende mucho de cada persona, de la genética, la edad y la actividad física; no existe una respuesta que aplique para todos. Sin embargo, hay un rango aceptable de tiempo, el cual permite que el cuerpo pueda realizar la función de regeneración de las células, entre otras muchas funciones que realiza mientras dormimos. Este rango aplica para adultos y es entre 6 y 9 horas de sueño. Sé que hay veces que dormimos menos por el ritmo de vida que tenemos, pero es aquí donde tienes que ser responsable y si un día, dos o tres tuviste que dormir poco, trata de organizarte para que puedas dormir más. El dormir es una de las tareas más importantes que debes saber administrar, para que tu cuerpo pueda darte estos beneficios:

- Mantener tu corazón saludable.
- Más energía para realizar tus actividades.
- Aumentar la resistencia física.
- Disminuir el estrés, la ansiedad, la irritabilidad y la depresión.
- Controlar tu apetito, ya que evita que la hormona grelina se dispare, la cual es la causante de esas ganas de comer más.
- Ayudar a tu sistema inmunológico para combatir infecciones y mantenerte saludable.
- Disminuir el riesgo de enfermedades como gripa, hipertensión, diabetes, entre otras.
- Mejorar la capacidad de aprendizaje.
- Mayor concentración y creatividad.

El objetivo de esta LEY 9 es que puedas ver lo increíble que es tu cuerpo, porque en el camino hacia tus objetivos será uno de tus aliados más importantes, y en ti está respetarlo, cuidarlo y protegerlo de

todo lo que está latente allá afuera. **Tú serás siempre el que deci-
dirá cómo quieres tratarlo.**

> *Recuerda que el mismo trato que le des a tu cuerpo,*
> *es el mismo con el que él te responderá.*

MANUEL SOTOMAYOR

# VOLUNTAD

Esta palabra puede cambiar por completo toda tu vida.

Parecería contradictorio, porque a pesar de que nos decimos: «Quiero tener un buen cuerpo, quiero tener mejor salud, quiero hacer esto, quiero emprender lo otro»... pero cuando llega el momento en el que hay que levantarse temprano, hay que trabajar, entrenar, practicar o cuidarse, ¡no lo hacemos!... Todo eso que dijimos se nos olvida y se borra momentáneamente de nuestra mente. Precisamente es por esto que no todos triunfan, ni tienen lo que dicen querer.

Cuando decidas hacer algo, haz que tu **voluntad** sea tan poderosa que no permita que ninguna excusa o placer momentáneo te haga desistir de tu sueño.

*La **voluntad** obstinada de perseguir una ambición propia es verdaderamente una fuerza que puede hacer superar obstáculos.*

ENZO FERRARI
Fundador de Ferrari y la Escudería Ferrari (1898-1988).

# LEY 10

TÚ CONTROLARÁS A LA DIVERSIÓN
Y NO ELLA A TI, SOLAMENTE LA
UTILIZARÁS PARA RELAJARTE
Y DESPEJAR TU MENTE

Mentalidad De Tiburón

Así como trabajas, practicas o entrenas con toda esa fuerza y entusiasmo, de la misma manera tiene que ser cuando te diviertas. Este es un aspecto muy importante y necesario en la vida; parte del éxito que puedas lograr dependerá de qué tan capaz seas para divertirte y disfrutar sin rebasar la línea en donde la diversión se convierte en autodestrucción, y la única persona que puede identificar ese límite eres tú.

Lamentablemente, algunos aprenden a identificarlo después de alguna tragedia, y otros no llegan a tener esa suerte. Ten en cuenta que este aspecto ha terminado con los sueños y la vida de muchas personas que no tuvieron esa fortaleza mental.

No permitas que esto te pase. Si eres capaz de ponerte metas y ser imparable para alcanzarlas, utiliza esa misma capacidad para dominar y controlar la diversión.

*La pérdida de nuestras fuerzas se debe más bien a los vicios*
*de la juventud que a los estragos de los años.*
MARCO TULIO CICERÓN
Escritor, filósofo, abogado, orador y político romano (106-43 a.C.).

Antes de seguir con esta Ley me gustaría platicarte por qué incluí este punto. Después de analizar la vida de muchas estrellas de cine, televisión, atletas y músicos que teniendo un talento grandioso no supieron controlarlo y esto los llevó a destruir ese talento, terminando en algún accidente o hasta ellos mismos poniendo fin a su vida.

Todo esto me hizo recordar que yo viví en carne propia esta situación, ya que mi padre, quien era una persona amorosa, alegre, con un gran corazón y siempre buscando que todas las personas que estuvieran a su alrededor fueran felices, tuvo un detalle...

Un día mi papá no pudo tener esa fuerza para controlarse en una cena, y en lo que aparentemente eran negocios, tomó demasiado. Se subió a su auto y minutos después tuvo un accidente que le quitó la vida... Todo esto me hizo pensar, analizar y entender que la diversión y los placeres son un complemento para enriquecer nuestra vida, pero si no llegamos a desarrollar esa capacidad mental para poder tener un control sobre ellos, en vez de enriquecerla pueden dañarla o terminarla.

Para poder lograr ese control tienes que preguntarte y responder estas preguntas:

- ¿Diversión o autodestrucción?, ¿quién controla a quién?
- ¿Tú eres quien controla a la diversión o ella te controla a ti?

Esto es algo para pensarse, ya que muchas veces hemos escuchado: «Me ganó la fiesta», «es que se me pasó la mano», «se me pasaron las copas»... ¿qué reflejan este tipo de comentarios? Que esa persona no tiene ningún control sobre lo que hace, y con esto no quiero que pienses que la diversión y la fiesta es algo malo.

La diversión es algo saludable, y psicológicamente está comprobado que nuestro cuerpo necesita momentos para relajarse, despejar la mente y celebrar. La diferencia es que hay personas que celebran todo el tiempo o quieren estar relajadas sin antes haber trabajado, sin antes haber estado enfocadas en algo productivo.

Como atleta, hay un principio que aprendes forzosamente, y es: primero tienes que entrenar y después de la competencia se festeja. ¿Y por qué digo forzosamente?, porque quizás cuando uno es más joven puede decir: «No pasa nada si me desvelo, no pasa nada si me voy de fiesta y después llego a entrenar o a competir», ¡y sí!, pude ser que si lo haces una vez no pase nada, pero si sigues haciendo eso, tu rendimiento se verá afectado de inmediato, y todo el esfuerzo de levantarse a las 4:15 am para ir a meterte a una alberca, después ir a la escuela y luego de la escuela regresar a entrenar y tener que cuidar tu alimentación, todo esto con una sola salida de fiesta, sería como tirar a la basura todo lo que hiciste.

Es por eso que aprendí a organizar mis salidas, a organizar cuándo iba a salir de fiesta, siendo una costumbre que me enseñó el deporte y que me rige hoy en día, porque la vida de un atleta no está muy lejos de lo que es la vida cuando ya comienzas en una etapa laboral o cuando te casas y tienes hijos, porque al igual que un atleta, en estas etapas ya tienes otras responsabilidades y compromisos, pero de igual forma tienes que seguir divirtiéndote, administrando ese tiempo de fiesta, ese tiempo de relajación, para que puedas disfrutar más cada cosa que haces en tu vida.

Porque en estas etapas hay muchas personas que ven sus responsabilidades como una carga que tienen que cumplir, y a diferencia de ellas, lo que tienes que hacer es aprender a disfrutar cada momento. Si es tu trabajo, si estás en tu entrenamiento, si es una comida familiar, si estás haciendo tu tarea, si estás ayudando a tus papás, si estás con tus amigos, si estás de fiesta... Cuando logras ver y entender de esta manera todo lo que haces, la palabra cumplir se elimina de tu vocabulario y se transforma en disfrutar.

En este punto es muy importante que recuerdes la LEY 8, en donde habla de la importancia de identificar a personas que solamente están buscando su beneficio, esas amistades que a primera impresión pueden parecer buenas, pero algunas solo buscarán que te unas a su debilidad mental, la cual no tiene la capacidad de controlar esa excesiva diversión, y lo más delicado es que esa debilidad mental no solo se queda en esa «diversión» sino que se convierte en autodestrucción.

La sociedad siempre ha asociado el festejo, reuniones o diversiones con el consumo de alcohol. Esto provocado por la publicidad, asociándolo con momentos agradables y de felicidad. Lo lamentable es que para las personas que no tienen conocimiento de lo que el alcohol puede llegar a afectar a su cuerpo, abusan de este como si fuera un juego.

Imagínate si los carbohidratos y las grasas malas le hacen daño a tu cuerpo, no tengo ni que explicarte todas las complicaciones que el alcohol, el cigarro y todos los vicios pueden provocarte.

Esta falta de cultura y conocimiento hacen que los jóvenes comiencen a ingerir alcohol a edades tempranas. Si eres menor de edad, toda esta información te dará un conocimiento y madurez por encima de cualquier amigo que tengas de tu edad, y si eres adulto esto también te servirá, porque quizás tengas hijos, sobrinos o nietos, y tener esta información será muy valioso para ti y más para ellos.

Te comento esto porque tanto tú como yo hemos estado en reuniones en donde el papá, el tío o el amigo dejan que menores de edad tomen alcohol, porque creen que la mayoría de edad es una simple restricción jurídica o política. Entonces dejan que estos jóvenes –casi niños– lo ingieran, sin tener idea que una de las causas por las que en gran parte de los países a nivel mundial la mayoría de edad o el permitir el consumo de alcohol es después de los 18 años, y en otros a los 20 o 21 años. Esto tiene una razón médica; porque el cerebro y el hígado todavía son órganos inmaduros, todavía no completan su desarrollo.

En el caso del hígado... ¿qué sucede? Este todavía no tiene la misma capacidad para metabolizar el alcohol (parte del proceso de eliminación del mismo) como el hígado de un adulto, por lo que la intoxicación es mayor y esto genera muchos problemas de salud, e incluso se incrementa el porcentaje de padecer alcoholismo.

¿Te has preguntado alguna vez por qué mucha gente toma alcohol?

Porque la gran mayoría no tiene idea de que el exceso de este trae muchas afectaciones a su cuerpo, y después la gente se pregunta por qué le dio un infarto. ¿Por qué se enfermó de esto si se veía tan bien? ¿Cómo es que un atleta sufrió un infarto?... Esto sin mencionar todos los accidentes y daños que pueden causar, no solo a ellos mismos, sino también a más personas.

Estas son algunas de las principales causas de por qué nuestra sociedad consume alcohol en exceso.

- Aceptación social.
- Inseguridad y baja autoestima.
- Incapacidad de enfrentar problemas.
- Adicción a la sensación al consumirlo.

Hay algo que nadie nos dice respecto al alcohol, por todos lados escuchamos: «El alcohol hace daño, el alcohol te puede afectar», pero nadie nos explica realmente por qué a pesar del daño que hace les resulta atractivo a algunas personas.

Te lo explicaré de la forma más sencilla:

Al consumir más alcohol del que tu cuerpo es capaz de eliminar en un cierto tiempo, cuando lo ingieres en grandes cantidades, siendo este una sustancia tóxica, tu cuerpo comienza a perder el equilibrio tanto a nivel mental como físico, afectando al cerebro y al sistema nervioso central, alterando directamente el correcto funcionamiento de tus neurotransmisores, los cuales son los encargados de la comunicación entre tus células, para poder controlar las emociones, el comportamiento y la coordinación motora.

Cuando estos neurotransmisores se ven afectados, así como disminuye el control sobre estas funciones, también disminuye la inhibición en tu persona... Hasta este momento no parece tan malo ingerir alcohol... el verdadero problema comienza cuando el cerebro se da cuenta de todo el descontrol fisiológico que está sufriendo tu cuerpo y trata de corregirlo, ayudándote a no perder el control de tus funciones básicas, equilibrio, visión y habla. El cerebro se esfuerza por contrarrestar estos efectos, y esto lo hace segregando endorfinas y dopamina, incrementando la frecuencia cardiaca y la presión sanguínea, estas hormonas y neurotransmisores son las causantes de esa sensación de «placer momentáneo», pero al ser este un impulso de emergencia, el cerebro no puede segregar esas hormonas por mucho tiempo. Lo lamentable es que el alcohol desde un principio lo que realmente está haciendo es deprimir el sistema nervioso, lo cual se traduce en todo el proceso que te acabo de comentar, y la siguiente etapa es donde comienzan los sentimientos de tristeza, culpabilidad y depresión, sin mencionar la afectación hepática y el proceso que tu cuerpo realiza para limpiar tu organismo de la sustancia tóxica.

Ese «placer momentáneo» es la razón principal de por qué tanta gente sin importarle cuánto la dañe, cuánto la afecte, lo sigue consumiendo una y otra vez. Además de que algunas personas hasta se sienten orgullosas y llegan diciendo: «¡Traigo una súper cruda (resaca)!», como si esto fuera algo que admirar. Lo único que dejan ver estas personas es su falta de conocimiento, ya que a lo que se le llama cruda o resaca es el resultado del proceso de desintoxicación por el cual pasó o está pasando tu cuerpo, y el proceso es el siguiente:

Al ingerir alcohol en exceso, este inhibe la función de la hormona antidiurética, por lo que se aumenta la pérdida de líquidos (ganas constantes de ir al baño). Al perder gran cantidad de líquido se convierte en un problema para el hígado, ya que para realizar su correcta función y poder metabolizar el alcohol para desintoxicar al cuerpo requiere de líquidos, y al no contar con suficientes le quita el agua al cerebro, ya que este está constituido por tres cuartas partes de agua. Es por esto que el cerebro es quien más sufre este proceso, ya que pierde agua y minerales esenciales, encogiéndose en la cavidad craneal.

Todo esto es lo que provoca ese dolor de cabeza y otros síntomas al día siguiente de ingerir alcohol en exceso; además de que este vicio es la primera puerta a vicios más grandes.

Todo esto que te acabo de mencionar no es para que veas al alcohol como algo maligno, sino para que tú seas quien decida si quieres disfrutar de forma moderada o con ese exceso afectarte. Y si no tienes la edad para consumirlo, puedas ser creativo –al igual que con tus proyectos o con tus objetivos– buscando otras formas de diversión. Lo padre de esta vida es que si eres inteligente, puedes encontrar muchas maneras para festejar, para divertirte con tus amigos, porque ahí es donde realmente se ve quién tiene ese carácter, esa fuerza para ser un líder y atraer a sus amigos a lo bueno, o ser uno más de esos borregos que siguen a la sociedad sin importar si es algo malo.

Todo esto te lo digo porque si esperas un tiempo, este te dará la madurez para poder disfrutar de un buen vino, una buena cerveza, ¡pero cuando llegue el momento!... **Recuerda que también parte de tu éxito será esperar y respetar ciertos tiempos que la vida te pone... ¡No te destruyas!**, diviértete, festeja y goza al máximo.

Y si ya eres adulto, todo esto te lo digo como un amigo que no quiere que te suceda, ni que tengas que pasar tú o tus seres queridos por una tragedia como la que yo viví por el simple hecho de no saber controlarte.

Disfruta cada etapa, cada momento, recuerda que hay tiempo para todo, tú eres quien decide cómo vivir y cómo divertirte en el camino que elijas.

Existe algo mucho más poderoso y que puede generar en ti estas y muchas más sensaciones placenteras, pero sin dañar tu organismo y dándole muchos beneficios positivos a tu cuerpo.

# EL DEPORTE, HERRAMIENTA DE VIDA Y PLACER

El deporte es una de las herramientas más poderosas que puedes adquirir, y la ventaja es que está al alcance de tu mano en el momento que quieras. Por todas partes escuchamos: «¡Haz deporte!», «¡El deporte es vida!», «¡El deporte es muy saludable!», pero nadie nos explica detalladamente por qué tendríamos que incluirlo en nuestra vida.

¿Por qué te digo que es una herramienta poderosa?

Cuando la gente no conoce los beneficios que les puede generar y creen que solo es por tener un buen aspecto físico, se pierden de los principales beneficios del deporte, de las sensaciones de felicidad, placer y lo más importante, que este incrementa tu capacidad mental y habilidades psicomotrices, no solo durante la práctica del deporte. Lo interesante, y lo que no todos saben, es que estas habilidades las puedes transferir a todas tus actividades diarias, respondiendo y actuando de una manera superior a quien no realiza ninguna actividad física, y si además esto es combinado con alguna actividad artística, el rendimiento del cerebro será mucho mayor, esto debido a la gran cantidad de conexiones neuronales que existirán en la mente de quien realiza este tipo de actividades.

¿Por qué el deporte genera placer? Existen ciertas actividades que hacen que tu cerebro genere endorfinas, serotonina y dopamina. Hormonas y neurotransmisores que se encargan de generar sentimientos de placer, ánimo, felicidad y euforia.

Algunas de las actividades que de inmediato generan estas sustancias en tu cerebro son: comer chocolate, comer algo rico, reír, amar, realizar cualquier deporte o alguna actividad física como caminar, baile, yoga, correr, nadar, andar en bici, jugar algún deporte en conjunto... Estas y otras actividades se encargan de generar estas sensaciones de placer y felicidad, esa es la razón por la cual las personas sienten esa necesidad de repetir y experimentar nuevamente este tipo de actividades, debido a la sensación que generan.

Pero como te lo había comentado en la parte de nutrición de la LEY 9, si llevas un balance puedes disfrutar de todo, pero si te dejas llevar, por ejemplo, en el caso de comer y comer chocolate para sentir ese placer, alivio y felicidad, esto terminará dañándote, y ese placer se convertirá en algo negativo, llevándote a un cierto punto de depresión, lejos de esas sensaciones de placer y felicidad.

Es por esto que quiero presentarte algunos de los beneficios que el deporte puede generar en ti, para que puedas elegir una de las formas más sanas para producir naturalmente estas «sustancias de placer» sin afectar a tu cuerpo.

## BENEFICIOS DE HACER DEPORTE

- **Reduce el estrés físico y mental.** Esto es debido al incremento de norepinefrina, esta sustancia es la que regula la respuesta del cerebro al estrés.

- **Ayuda a combatir la depresión y ansiedad.** La depresión es causada por un desequilibrio químico en el cerebro, y al aumentar de forma natural estas sustancias químicas: endorfinas, serotonina y dopamina, esto ayuda a disminuir la depresión y algunos estados de ansiedad.

- **Previene el deterioro cognitivo.** Conforme van avanzando los años, existe un deterioro natural en el cerebro y al aumentar estas sustancias químicas antes mencionadas se previene el deterioro del hipocampo, el cual se encarga de la memoria y del aprendizaje.

- **Genera una capacidad intelectual superior.** Existe algo llamado neurogénesis adulta (regeneración de neuronas). Consiste en la creación de nuevas células cerebrales, las cuales a pesar del paso del tiempo, pueden incrementar el rendimiento del cerebro, mejorando tu capacidad de memoria y aprendizaje.

- **Mejora tu productividad.** Tus niveles de energía se elevarán, al igual que los químicos antes mencionados, los cuales en conjunto mejoran tu carácter, positivismo y ganas de realizar todas tus actividades.

- **Incrementa tu autoestima.** Al cumplir con nuevos objetivos, como es el realizar alguna actividad física y darte cuenta de cómo estás cuidando tu cuerpo, esto te hará sentir muy bien por dentro, y al ver una mejora en tu imagen, esto impulsará a todo tu estado emocional, incrementando de igual forma la vitalidad, seguridad y confianza en ti mismo.

Todo esto es una pequeña muestra de lo mucho que puede ayudarte el deporte para alcanzar lo que quieres, pero quiero aclararte que no necesariamente tienes que ser un súper atleta de alto rendimiento, con que realices alguna actividad durante 30 min. por lo menos tres veces a la semana, camines o subas escaleras en vez de tomar el ascensor, esto comenzará a darte beneficios, y si realizas ejercicio de forma más constante, esto te traerá un mayor bienestar.

Como te lo dije en un principio, el plus que tiene cualquier persona que realice deporte es que la mayoría de estas actividades deportivas requieren de decisiones en microsegundos: movimientos, colocación de posturas, ritmo, respiración y algunas otras, porque para cualquiera de estas actividades la demanda de atención es altísima, por lo que la práctica constante es lo que estimula y desarrolla muchas cualidades, las cuales se transfieren a tu vida diaria, como disciplina, voluntad, perseverancia, manejo de estrés, tolerancia a la frustración, mejor toma de decisiones, manejo emocional, resistencia y fortaleza, entre otras.

En tus manos está el entrenar a tu mente para tomar las mejores decisiones y saber de qué forma quieres generar estas sensaciones placenteras sin destruirte ni afectarte, y sí agregando muchas cosas positivas a tu vida.

*Si alguien busca la salud, pregúntale si está dispuesto a evitar en el futuro las causas de la enfermedad; en caso contrario, abstente de ayudarlo.*

**SÓCRATES**
Filósofo griego (470-399 a.C.).
Considerado el filósofo más importante de la historia.

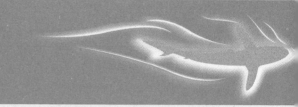

## SIGUE AVANZANDO CON
## RESPONSABILIDAD

Diviértete, brinca, ríe, come, ama, viaja, disfruta cada momento de celebración, cada momento después de culminar una meta o un objetivo. Si lo lograste, ¡felicidades!, si no salió, de igual forma tienes que ir a despejar tu mente para regresar con mucha más fuerza a intentarlo otra vez o a buscar nuevas metas.

Lo divertido de esta vida es que podrás encontrar tiempo para todo. Cuando tengas mucho trabajo o entrenamiento disfrútalo, para que cuando te vayas a festejar o a relajarte lo goces más, ya que cuando tienes un balance cada sensación se incrementa al máximo, a diferencia de hacer siempre solo una cosa y no buscar tener un equilibrio en todas las áreas de tu vida.

Solo recuerda que si tu capacidad mental cada vez es más grande y más poderosa, tu **responsabilidad** debe ser del mismo tamaño.

*Los vicios vienen como pasajeros, nos visitan como huéspedes*
*y se quedan como amos.*

CONFUCIO
Filósofo y político chino (551-479 a. C.).
Fundador del confucianismo, doctrina moral y espiritual.

# LEY 11

## NO TE PERMITIRÁS
## SER COMÚN Y MEDIOCRE

Mentalidad De Tiburón

Esta es una de las características más fuertes de la Mentalidad De Tiburón, la cual coincide con la mentalidad de cada uno de los grandes creadores y conquistadores del mundo.

Cuando desarrolles esta cualidad será como tener una turbina inagotable que te impulsará en cada momento, porque cuando tienes hambre de ser diferente, hambre de crear, de innovar, hambre de conquistar, siempre encontrarás alternativas.

No te importará si las cosas no han salido, no va importar si alguien quiere detenerte, no importará si el camino se pone cada vez más difícil, por cada puerta que se cierre buscarás y encontrarás otras más, porque tú sabes... **que jamás te permitirás ser parte de ese promedio de gente mediocre.**

*Aquellos que no puedan motivarse a sí mismos,*
*deben conformarse con la mediocridad.*

ANDREW CARNEGIE
Empresario industrial y filántropo escocés.
Fundador de la Carnegie Steel Company (1892).

En el paso por esta vida conocerás a muchas personas, interactuarás con mucha gente; con algunos vivirás cosas positivas, con otros cosas negativas, algunos de ellos te enseñarán lecciones de vida, y de algunos otros tú formarás parte de esas lecciones, tanto en la escuela, en la universidad, en el trabajo y en el entrenamiento como en muchas otras situaciones, por lo que tienes que estar consciente que cada acción, cada palabra que digas tendrá una reacción. Esta puede ser buena o mala; ¿por qué te comento esto? Hay una forma muy sencilla para conocer la visión de una persona y tener un panorama de lo que piensa hacer de su vida, la pregunta que siempre le hago a alguien que quiero conocer más y saber hacia dónde van sus expectativas es la siguiente:

## ¿CÓMO TE GUSTARÍA QUE TE RECORDARAN?

Y no porque falleciste, ¡no!, simplemente porque todo en nuestra vida son ciclos, en donde algunos se cerrarán y otros se abrirán, y cuando estos se cierran, posiblemente a algunas de esas personas ya no las verás más... Analiza por un momento esta pregunta: ¿cómo te gustaría que te recordaran?, ¿te gustaría que te recordaran por ser esa persona ventajosa, esa persona egoísta, que cuando tuvo la oportunidad de ayudar y apoyar a los demás no lo hizo, esa persona envidiosa, acomplejada, que solamente quería frenar el desarrollo de los demás?, o ¿preferirías que te recordaran con cariño y respeto?, por ser esa persona de buenos sentimientos, la cual en todo lo que hacía buscaba siempre un ganar-ganar para todos, buscaba impulsar a sus compañeros de equipo, de la escuela, del trabajo, creando un ambiente agradable, con la inteligencia y con el gusto de saber que si a la gente que te rodea le va bien, tú también estarás bien, o quizá, lo que sería peor... ¡que ni se acordaran de ti!; cuando alguien mencionara tu nombre, nadie lo recuerde ni sepa quién fuiste, porque no hiciste nada por nadie, ni por ti mismo, pasaste completamente desapercibido en la vida. Tú eres el único que puede decidir qué huella quieres dejar en cada persona, en cada lugar y en cada situación.

Es por esto que es importante saber la respuesta a esta pregunta y tenerla en la mente en cada momento, en cada meta, en cada objetivo que te pongas, ¿cómo te gustaría que te recordaran?

La gran mayoría de las personas que han logrado cosas extraordinarias, siempre han tenido perfectamente claro en su mente la respuesta a esta pregunta, convirtiéndose esta en parte del **porqué** que los motiva día a día.

Quiero aclararte que esto no es para que tengas que depender de lo que piensen los demás de ti, es justamente lo contrario, es para que tú pienses en la gente, porque este es uno de los principios básicos con los cuales los negocios y las empresas más grandes y exitosas se han creado: el pensar en las necesidades de la gente.

Cuando tienes clara la respuesta a esta pregunta, esta puede tener una gran fuerza, ya que involucra de cierta forma uno de los sentimientos positivos más fuertes... Este sentimiento es el amor, ese amor que no te permite ser mediocre, porque tus seres queridos dependen de ti, o el amor propio, con el cual no te permitirás ser común como cualquier persona, porque sabes que eres diferente, sabes que tienes hambre de salir adelante, hambre de crear, hambre de lograr lo que nadie ha logrado. Este sentimiento de amor ya sea por ti o por tu gente, o la combinación de estos, te dará una gran fuerza con la que ninguna situación, por más mala que parezca, te podrá detener, ninguna persona que quiera ponerte el pie podrá tirarte, y si caes o te golpean con acciones negativas, nada de esto te detendrá, porque tienes bien claro qué es lo que quieres para tu vida, y qué quieres para la gente que te rodea.

> *Aléjate de la gente que trata de empequeñecer tus ambiciones,*
>
> *la gente pequeña siempre hace eso,*
>
> *pero la gente realmente grande*
>
> *te hace sentir que tú también puedes ser grande.*

MARK TWAIN
Escritor estadounidense (1835-1910).
Autor de *Las aventuras de Tom Sawyer*.

Hay un aspecto fundamental para el logro de tus metas...

## VISUALIZACIÓN

Aun cuando las personas no compartan tu idea, tu visión o intenten empequeñecer tus ambiciones, tienes que trabajar este aspecto tal como lo dice la LEY 4 acerca de la percepción selectiva, la cual comienza con la visualización, ayudándote a alcanzar eso que está en tu mente. En esta parte quiero platicarte la experiencia que me enseñó la importancia de la visualización en todo lo que quieras lograr.

Cuando era atleta, estaba en uno de los mejores momentos deportivos de mi carrera, uno de los más importantes, en donde me sentía en la mejor forma, fuerte, ligero, estaba en mi mejor nivel competitivo; competencia en la que me presentaba ganaba, me tomaban fotografías y bailaba feliz por todos lados con mi mano en la cabeza como tiburón. Cada prueba en la que competía nadaba excelente, en ese momento todo parecía perfecto, todas las cosas marchaban muy bien... cuando de pronto...

En uno de los entrenamientos comencé a sentir un pequeño dolor en mi hombro, los primeros días no hice caso, dentro de mí pensaba: «Se te va a pasar, estás bien, sigue entrenando», pero conforme pasaban los días, el dolor era cada vez más y más fuerte, hasta el grado en que ya no podía nadar. El hombro me estaba matando, después de esto, de inmediato fui a checarme... me estuvieron haciendo varias pruebas, al no encontrar cuál era la causa... me hicieron una resonancia magnética para ver qué era lo que estaba provocando ese dolor.

Días después me citó el doctor... y recuerdo perfectamente lo que me dijo: «Señor Sotomayor, tiene desgarrado el manguito rotador, vamos a tener que programarlo para operación». Mi primera reacción fue recordar todo lo bien que estaba entrenando y compitiendo... De inmediato pregunté: «¿En cuánto tiempo puedo regresar a entrenar?», eso era lo único que me importaba en ese momento, ¡regresar a entrenar!, no me importaba si tenían que operarme o hacerme lo que tuvieran que hacer, lo único que quería era regresar lo más rápido posible a la alberca... pero el doctor hizo una expresión de incertidumbre... y me dijo: «Primero tenemos que operar y al comenzar con la rehabilitación iremos valorando en qué tiempo puedes regresar a entrenar», cuando me dijo esto me di cuenta que no estaba muy seguro porque sus respuestas eran muy generales, y cuando no veo en alguien la certeza de lo que está haciendo, jamás me quedo ahí. Lo que hice fue buscar otras alternativas. De pronto... una de mis amigas, Fernanda González, también nadadora, quien había tenido un problema similar en su hombro, me dijo: «Sotomayor, ve a ver a mi fisioterapeuta Nidia Moreno, ¡es buenísima! Ella me ayudó con mi hombro y estoy como nueva», de inmediato fui a visitarla y comenzó a hacerme pruebas para ver qué tan lastimado estaba mi hombro. Al terminar me dijo: «Tienes una inflamación muy fuerte en el hombro, está lastimado, pero no tienes que operarte, tenemos que desinflamar y después comenzar con terapias para fortalecer todo el hombro, aproximadamente unos seis meses para que estés al 100%». Después de haber escuchado las palabras del doctor que quería operarme, esto de seis meses de rehabilitación no era nada, y justo en ese momento dije: «¡Adelante!»

Lamentablemente me di cuenta que el doctor anterior quería operarme porque yo contaba con seguro médico y se le hizo fácil proponerme la operación... Tristemente en la vida hay muchas personas así, pero depende de nosotros si caemos o si seguimos buscando alternativas. En temas de salud, jamás te quedes con la primera opinión.

Después de esto comencé mi tratamiento durante casi seis meses. Seis meses que aparentemente podrían no ser mucho tiempo, pero para un atleta es toda una eternidad; seis meses en los que cada día tenía que guardar reposo. No podía ni correr, ni hacer una sola lagartija, y estando acostumbrado a comer como un atleta de alto rendimiento, seguí comiendo de la misma forma, pero por supuesto ahora ya no quemaba las mismas calorías como cuando entrenaba y comencé a subir un poco de peso. En lo único que mantuve la disciplina fue en cada una de mis sesiones de rehabilitación, como si estas fueran un entrenamiento, a pesar del dolor que sentía, pensaba que cada pequeño movimiento que hacía me estaba fortaleciendo, y que cada día que pasaba me acercaba cada vez más al momento en el que otra vez pudiera estar disfrutando lo que era mi vida en el deporte.

Pasando los casi seis meses, mi fisioterapeuta dijo las palabras que para mí fueron como liberar a un tiburón hambriento: «Estás dado de alta», al siguiente día llegué al entrenamiento y desde que pisé los vestidores, en mi mente solo había una frase: «Dejaste de nadar ayer», ya que la natación es uno de los deportes más celosos, refiriéndome al aspecto en el que si un atleta deja de nadar unos días o una semana, pierde toda la sensibilidad y fuerza en el agua. Imagínate cómo me sentiría después de seis meses, pero precisamente por eso en mi mente solo estaba esta frase: «Dejaste de nadar ayer».

Pero en el momento de ponerme mi traje de baño, la gorra, los goggles, listo con esa decisión de regresar al agua... de pronto, cuando volteo a verme en el espejo... esta frase ¡se borró completamente! ¡Se esfumó de mi cabeza!, porque parecía ¡una gelatina!, ¡estaba pasado de peso! Jajaja ☺ ¡Claro que estaba pasado de peso! ¡Después de como comí durante esos seis meses y sin hacer ningún tipo de ejercicio!... De nuevo traté de calmarme... respirar profundo y decir: «Dejaste de nadar ayer», pero nuevamente me vi de reojo en el espejo y dije: «Esa panza no es solo de ayer». Jajaja ☺ ¡Ni modo!, así estaba en ese momento, pero mis ganas y mi deseo de regresar a ganar y recuperar lo que era mío, era lo que me motivaba... En el momento de entrar al área de la alberca, el solo hecho de respirar ese olor a cloro, ese olor especial, me llevó a esos momentos que había vivido ahí y recordé que estuve a punto de perder la oportunidad de regresar a lo que era mi pasión... El estar parado ahí nuevamente, esto dentro de mí era un impulso enorme, era como si toda mi sangre estuviera hirviendo por volver a estar en las competencias; en ese banco de salida con todo el público gritando.

Cuando estaba en la orilla de la alberca di gracias a Dios por volver a estar aquí otra vez y me lancé al agua. No te voy a decir que me sentía increíble, pero no me sentí tan mal; después de dar dos vueltas a la alberca, en mi mente dije: «¡Voy a romper el récord de mi país!» Quiero convertirme en el nadador más rápido en la historia de mi país, porque hasta ese momento yo era el mejor, pero no tenía un récord; un récord significa que hasta ese momento nadie en la historia del país en ese deporte ha hecho lo que tú.

Entonces comenzaron los días de entrenamiento, tenía solo tres meses para prepararme para el campeonato nacional; esta era mi oportunidad para romper y dejar ese récord que quería, pero el tiempo era poco, tenía que mantener una dieta impecable y una disciplina de entrenamiento muy fuerte si quería lograrlo.

A partir de esos primeros días vi cuál era el récord en la prueba de los 50 metros mariposa, una de las pruebas más veloces y explosivas de la natación. El récord le pertenecía a Joshua Ilika, el tiempo era 23.89 segundos, realmente con que hubiera bajado una centésima de ese tiempo hubiera estado feliz, pero quise tomar un número más fácil de recordar y de visualizar; el tiempo que elegí fue 23.85, desde ese momento comencé a escribir ese tiempo por todos lados, en mi casa, en la cama, en el baño, en la cocina, en el termo con el cual tomaba agua en cada entrenamiento... de tal forma que cada vez que me detenía en la alberca para hidratarme, veía el termo con el tiempo: 23.85; en mis cuadernos de la universidad, en cualquier lado en donde tenía oportunidad de ponerlo, lo escribía para verlo a cada momento, porque cuando veía ese tiempo, esto me impulsaba y me recordaba la meta que había elegido, me recordaba que tenía que mantener una dieta perfecta, mantener un descanso adecuado, entrenar con esa sola idea en la mente, en cada brazada y en cada vuelta que hacía ese tiempo estaba en mi cabeza; de hecho, comencé a decirles a mis compañeros de equipo: «¡Voy por el récord del país! ¡Voy a romper ese récord!» Y pues de inmediato algunos se rieron de mí, porque me volteaban a ver la panza y me decían: «Sí, seguro así... sí lo rompes», pero esto en vez de frenarme, me motivaba cada vez más a cuidar mi alimentación y entrenar con mucha más fuerza; también a mi entrenador le dije que iba a romper el récord, y su expresión fue de: «Sí, yo creo que sí». De inmediato sabes cuando alguien no cree en ti, pero nada de esto me importó, no me importó que mis compañeros de equipo no confiaran en mí, no me importó que mi propio entrenador no confiara en mí, yo tenía una idea y si la vida me había dado otra oportunidad de estar nuevamente en la alberca, ¡no la iba a desperdiciar!, era tanta mi confianza en lo que quería lograr, que hasta me compré un tiburón inflable ☺, para que cuando llegara el momento en el que rompiera ese récord, me aventaran mi tiburón para festejar.

Pasaron los tres meses de entrenamiento, de preparación, concentración y finalmente llegó el día de la competencia. Era uno de los eventos más importantes en el deporte de la natación en mi país.

Habían pasado las eliminatorias en la mañana, estaba clasificado dentro de los ocho mejores nadadores del país, quienes nadaríamos la final de la prueba los 50 metros mariposa que se llevaría a cabo en la noche.

Recuerdo perfecto ese día... Cuando ya estaba todo listo... las gradas estaban llenas, los gritos, los chiflidos y las porras del público se escuchaban muy fuerte, caminaba hacia el lugar donde teníamos que presentarnos los ocho atletas que nadaríamos la final. Coloqué mis cosas en una de las ocho sillas, la cual me correspondía; en ese momento ya traía el traje de baño debajo de los pants porque me gustaba llegar ya listo. Saqué de la mochila mi iPod y mis audífonos, pues había bajado un fragmento de la película *300*.

Y es el siguiente...

Justamente era la escena donde los 300 guerreros están listos para pelear contra el ejército persa, los cuales superaban en número de guerreros a los espartanos, como si esto fuera un completo suicidio por parte del rey de Esparta y sus 300 guerreros, por la dificultad de lograr vencer a ese enorme ejército. Al acercarse los persas para acabar con los espartanos... es cuando de pronto Leónidas, el rey y líder de los guerreros espartanos, sin importarle cuántos persas fueran, con una enorme confianza en su habilidad y en la de sus hombres, voltea y les grita a todos: **«¡Recuerden este día!... ¡Porque será de ustedes para toda la eternidad!»**

Regularmente, antes de cada competencia me motivaba con música, pero en esta ocasión elegí este fragmento de la película y lo pasaba una y otra vez porque me recordaba que hasta este momento no tenía un récord absoluto en mi país, y el pensar que estuve a punto de no volver a la alberca, esta era mi oportunidad de hacerlo, y la frase de esta película me motivaba... Dentro de mí pensaba que este era el momento, en el que mi nombre iba a quedar grabado en la historia de mi país, claro... hasta que alguien más lograra romper mi récord, pero para mí no existía nada más que ese momento y la oportunidad de ir por lo que no había logrado antes, ir por algo que nadie creía posible, después del problema que había sufrido con mi hombro y el poco tiempo que tenía para recuperarme nuevamente.

Se acercaba el momento... Me puse de pie y comencé a moverme para activar la circulación de mi cuerpo, para comenzar a acelerar mi ritmo cardiaco. Entonces uno de los jueces comenzó a pasar lista... gritaba los nombres de cada uno de los finalistas... En ese momento comencé a dar pequeños brincos, comencé a acelerar mi respiración, todo esto era parte de mi ritual en cada competencia, porque ponía a mi cuerpo y mi mente en el punto máximo para poder explotar en el momento del disparo y darlo todo... De pronto nos dicen... ¡adelante, nadadores!... Ese es uno de los momentos más emocionantes que existen en este deporte: cuando sales del área donde te tienen sentado o parado esperando antes de competir, es como soltar a ocho tiburones que están ansiosos y listos para devorar lo que esté enfrente.

En el momento en el que iba caminando justo a un lado de la alberca para dirigirme al carril que me correspondía, parecería que en ese instante era como observar todo en cámara lenta... Ese momento en el que podía ver desde afuera toda la alberca en una calma total, pasando por esa tranquilidad del agua, viendo ese banco de salida en el cual estaría arriba listo en unos segundos; hasta ese público gritando, esos gritos los cuales se perdían con el sonido de los audífonos que traía puestos, escuchando una y otra vez la frase de Leónidas: **«¡Recuerden este día!... ¡Porque será de ustedes para toda la eternidad!»**, combinada con los pensamientos en mi mente: «¡Eres rápido, fuerte, resistente!, ¡rápido, fuerte, resistente!, ¡estás listo!, ¡eres el mejor!, ¡nada te va a quitar lo que te pertenece!, ¡lo que es tuyo!, ¡por lo que has entrenado!».

*Aquí puedes ver que el diálogo interno que manejo, es en segunda persona. Siempre he utilizado la automotivación como si mi mente fuera alguien más y ella es quien me motiva, porque hay veces que los sentimientos son tan grandes que pueden llegar a vencerte y dominar a tu cuerpo, pero cuando entrenas a tu mente, esta se vuelve tan poderosa que ella será tu alidada perfecta, quien con ese poder te impulsará siempre y controlará todo. (Este tema lo tocaré más a fondo en la LEY 13).*

Ya listos todos los nadadores frente a los bancos de salida... algunos acomodándose los goggles, otros estirando, otros moviendo los brazos, todos atentos y esperando el silbato del juez... En ese instante lo único que podía ver era mi carril, estaba listo... ¡Había llegado el día!... Ese día que anhelé en cada momento de mi rehabilitación, en cada día de entrenamiento... Ese día había llegado y la oportunidad de dejar mi nombre en la historia del deporte en mi país estaba enfrente de mí, en ese carril... Los gritos del público eran cada vez más fuertes y estos se mezclaban con mis pensamientos: «¡Eres rápido, fuerte, resistente!, ¡estás listo!, ¡eres el mejor!», con los latidos de mi corazón y al mismo tiempo con mi respiración profunda. De pronto, se escucha el silbato del juez... y todos damos un paso para subirnos a los bancos de salida... En ese momento es cuando todo el complejo acuático pasa de estar lleno de gritos y emociones hasta llegar a un absoluto silencio... y es en ese instante cuando se escucha en las bocinas del complejo: «¡En sus marcas!» De inmediato todos mis sentidos se enfocaron en escuchar el más mínimo sonido, el cual sería el que me liberaría de ese banco y me permitiría ir por mi objetivo, por lo que me había propuesto. ¡Se escucha el disparo!... justo en ese momento todos mis músculos se unen en un solo fin: ¡¡¡explotar al máximo!!!... Cuando entro al agua sintiendo esas burbujas recorrer todo mi cuerpo, dejándolas atrás por la velocidad del clavado; cada patada, cada brazada, cada movimiento que hice a partir del silbato de salida... ¡fueron con toda la fuerza!, ¡con todo el corazón!, ¡con toda la mente puesta en un solo objetivo!, una y otra brazada, ¡pateando con toda la potencia que mis piernas podían dar!,

acercándome a la placa la cual marcaría mi tiempo... esas últimas cinco brazadas... ¡esas ultimas brazadas en las que sientes que tu cuerpo ya no da más!, ¡en donde sientes que tu cuerpo pareciera no avanzar! y ¡todos los músculos arden como si se incendiaran desde adentro!... ¡Pero tienes que seguir!... ¡jalando y pateando!, ¡jalando y pateando!, porque justo por todo lo que había entrenado estaba a unos metros de mis brazos... ¡Cuando llega la última brazada!, ¡la última patada!, el último jalón para llegar a la pared... ¡Dejando todo lo que tenía!, ¡toqué con toda la fuerza la placa que marcaría mi tiempo!... De inmediato volteé... y pude ver a lo lejos el tablero que macaba «carril 4», en el que yo estaba, «¡carril 4, 1er lugar!». Pero lo que realmente me hizo conocer una nueva sensación, una sensación que recorría todo mi cuerpo, una sensación llena de emociones combinadas, ¡de felicidad!, ¡ganas de gritar!, satisfacción de saber que todo por lo que había luchado, todo lo que tuve que superar, todo por lo que había trabajado estaba en frente de mis ojos, porque en el tablero que marcaba el carril 4 con el 1er lugar estaba el tiempo que había hecho... ¡Era ese tiempo!, **era 23.85 segundos!** ¡Había implantado un nuevo récord!, ¡había logrado exactamente lo que me había propuesto! ¡El tiempo que había escrito y visualizado por todos lados, finalmente, lo había hecho!, había lo-

grado lo que ni siquiera mi entrenador creía que fuera capaz de hacer, ni mis compañeros, nadie creía en mí. Este momento fue uno de los mejores momentos que viví en mi deporte, ¡RÉCORD ABSOLUTO: **23.85, 50 metros estilo** MARIPOSA! Hasta ese momento no existía nadie mejor en toda la historia de mi país... **¡festejé feliz con mi tiburón!**

A partir de esa experiencia que viví cambió mi forma de ver, entender y actuar en la vida. Esa vivencia me enseñó que si quieres algo, si tienes hambre de triunfo, hambre de lograr cosas diferentes, no te debe importar lo que la gente opine y piense de ti. Si estás convencido que estás aquí para lograr cosas grandes, si tienes bien claro en tu mente y en tu corazón que no vas a permitirte ser común, ¡puedes hacer lo que tú quieras! Si realmente quieres tener un éxito considerable en todo lo que hagas, tienes que buscar innovar, ser creativo, hacer lo que nadie haya hecho, mejorar lo que ya está, pero nunca permitirte ser mediocre. Enfócate, pon todo tu ser, tu mente, cada fibra de tu cuerpo a trabajar por lo que quieres, a luchar por lo que deseas y de esta forma nada te detendrá.

*Un hombre que no arriesga nada por sus ideales,*

*o no valen nada sus ideales o no vale nada el hombre.*

PLATÓN
Filósofo y escritor griego (428-347 a.C.).
Transformó la literatura al escribir en diálogos.

## SIGUE AVANZANDO CON
# DECISIÓN

Con la **decisión** de ser siempre el o la mejor en todo lo que hagas, de no ser común como cualquiera, de seguir adelante a pesar de todo, comprometiéndote contigo, porque dentro de ti sabes que puedes hacerlo.

No te conviertas en alguien que intentó ir tras sus objetivos y al no lograrlos ahora se la pasa quejándose de todo... de la gente, del gobierno, poniendo pretextos y excusas de por qué no ha logrado lo que quería. Eso es mediocridad.

Mientras estés vivo, la **decisión** de ser, hacer y lograr lo que tú quieras solamente te corresponde a ti.

*Toda persona debe decidir una vez en su vida si se lanza a triunfar, arriesgándolo todo, o si se sienta a ver el paso de los triunfadores.*

THOMAS ALVA EDISON
Científico, inventor y empresario estadounidense (1847-1931).

# LEY 12

EN TODO LO QUE TE PROPONGAS
SOPORTARÁS EL DOLOR Y EL
CANSANCIO, MÁS ALLÁ DE LO QUE
CUALQUIER SER HUMANO
PODRÍA AGUANTAR

**Mentalidad De Tiburón**

Puedes tener mucha valentía, mucha decisión, dedicación, puedes tener todos los principios de las 11 Leyes anteriores, pero en esta LEY 12 te voy a presentar uno de los filtros más efectivos que existen para definir quiénes verdaderamente están dispuestos a conseguir y a lograr todo lo que dicen.

El cansancio y el dolor; es el filtro que separa a las personas que alcanzan sus sueños de los que seguirán sumándose a las estadísticas de la gente mediocre.

*Entre más grande sea lo que quieres lograr, mayor deberá ser tu preparación mental para soportar todo lo que venga y seguir adelante.*

BRIAN TRACY
Escritor, conferencista y empresario canadiense.

E n este momento ya tienes en tus manos y en tu mente las 11 Leyes anteriores. Ya tienes casi todos los pasos a seguir para liberar esa Mentalidad De Tiburón que hay en ti, pero... ¡te tengo una noticia! En ese camino que elegiste para lograr tus objetivos, si decidiste ser el mejor, si decidiste alcanzar cualquier cosa que te propongas, tendrás que probarlo y demostrarlo, ¡porque no será nada fácil!, de hecho, en cualquier camino que escojas hacia una meta te encontrarás con mucho dolor. Esto puede sonar pesimista, pero es todo lo contario, porque el dolor es algo bueno. Gracias a que existe el dolor, es por esto que no todos triunfan. El dolor y el cansancio es el límite, es la barrera para los que nunca van a lograr nada en la vida. La mayoría no tiene ni la fuerza mental, ni la fuerza de su corazón para seguir adelante.

¿Por qué no todos se enfrentan y logran pasar esa barrera de cansancio y dolor? Porque el dolor son miedos, rechazos, inseguridades, el dolor también es dejar cosas, dejar comida, fiestas, diversiones, amigos, familia... Cuando decides ir tras un objetivo tienes que estar preparado mentalmente y saber que te vas a enfrentar a situaciones muy fuertes, situaciones en donde te encontrarás con personas que te dirán: «Sí, yo te apoyo; sí, yo te ayudo», y cuando menos lo esperes te darán la espalda.

Existirán momentos en los que tengas reuniones con algunas personas y estas no se presentarán, o cuando le comentes a alguien de las ideas que tienes, de tu visión, no te entenderán ni te ayudarán, pero sí intentarán desalentarte. ¡Tienes que estar listo para enfrentar todo esto!, ¡todas estas situaciones!, hasta quizá alguien en quien confiabas te traicionará, pero tú debes seguir firme, y si te llega a pasar esto, como ya lo viste en las Leyes anteriores, ¡no pasa nada!, finalmente te estás liberando de la gente que no vale la pena que esté en tu vida.

Quiero hablarte de un dolor que no podríamos decir que es bueno, sin embargo, sí nos hace más fuertes cuando logramos aceptarlo y canalizarlo en algo positivo; es un tema en el que nuestros sentimientos están totalmente involucrados, y que es un poco complicado pensar en esto. Hay personas que evitan hablar de este tema, algunas incluso hasta se bloquean mentalmente y esto les impide que puedan seguir con su vida y la de los suyos. Este es el fallecimiento de algún ser querido, es un tema que tenemos que ver como algo natural y que es parte de la vida, porque en algún momento se presentará y tenemos que estar listos para cuando esto suceda, porque esto conlleva un dolor muy grande, pero no puedes dejarte caer, tienes que seguir fuerte... por todo lo que aprendiste de esa persona, por todo el amor que te dio. Porque todos los que se nos adelantan, estoy seguro que lo que les gustaría es vernos felices, trabajando, luchando, haciendo cosas grandes para nosotros y para los demás. Aunque creamos que ya no están con nosotros, ahora más que nunca están a nuestro lado y tenemos que hacer que se sientan orgullosos como si estuvieran presentes.

Por otro lado, el dolor en la parte física cuando estás entrenado, compitiendo, practicando, ¡es algo bueno!, si decidiste ser el mejor en lo que haces, como te lo dije anteriormente, vas a tener que demostrártelo, vas a tener que entrenar, practicar al máximo y entender que el dolor y el cansancio se presentarán y estarán a tu lado día a día. Esta es la razón principal por la cual tienes que aprender a disfrutar el dolor. Tanto el dolor como el cansancio son una muestra de que estás llevando tu cuerpo a otro nivel. Tu cuerpo es tan perfecto que al momento de sentir ese dolor, se irá adaptando cada vez más, haciéndose más fuerte y resistente, lo cual te llevará a un mayor rendimiento.

*El deporte es como la vida, si no entrenas a tu mente para soportar*
*el dolor físico y emocional en todo lo que hagas, no llegarás a sobresalir*
*ni serás un campeón.*
MANUEL SOTOMAYOR

A continuación te presentaré lo que puede convertirse en una enorme red que puede impedirte seguir avanzando, **¡si es que tú lo permites!** Es por esto que quiero que conozcas estos cinco «fantasmas mentales», los que pueden provocarte un gran dolor en tu vida, convirtiéndose en ese freno que te impida avanzar, pero es precisamente por esta razón que quiero que los identifiques claramente, para que ninguno de estos pueda detenerte.

# FANTASMAS MENTALES

## MIEDO

¿Qué es el miedo? Desde la Antigüedad el miedo ha tenido una función, la cual ha sido alejarnos de los peligros para mantenernos con vida, pero con el paso de los años los seres humanos hemos permitido que ese miedo evolucione de una manera exagerada, siendo hoy en día uno de los principales detonantes que pueden generar estrés, enfermedades, depresiones, inseguridades, baja autoestima; sin mencionar que este puede detenerte y paralizarte, aun cuando sabes que eres capaz de hacer algo.

El miedo no es más que un impulso creado por tu amígdala (que es la responsable de procesar y almacenar reacciones emocionales), pero le hemos dado tanta fuerza a este impulso que ya no solo cumple su función de alejarnos de los peligros y de mantenernos con vida. Este ya se ha convertido en todo lo contrario, y nadie tiene la culpa de esto más que nosotros mismos, por permitir que una simple ilusión mental nos afecte y nos detenga.

Todos estos aspectos que verás a continuación se llaman «fantasmas mentales», ¿por qué se llaman así? **¡Porque ni siquiera existen!**, ¡son creaciones de la mente que parecen reales!, son estados psicológicos que nosotros creamos y que tenemos el control total sobre ellos, pero nosotros somos los que aceptamos que estén en nuestra mente, somos quienes permitimos ese estado mental que no nos sirve de nada y que sí puede afectarnos.

Este estado mental lo puedes modificar en el momento que tú quieras... ¿Vas a seguir permitiendo que esto que no existe, esto que es creación de tu mente te siga deteniendo?... Si lo ves de esta forma, es como si te metieras en una jaula, te encerraras con llave y te fueras a sentar a una esquina, teniendo en tus manos esa llave para liberarte en el momento que tú quieras... ¡Claro que la incertidumbre de decidirte, de abrir y salir de esa jaula, puede darte miedo!, pero jamás vas a vencer ese miedo, esos «fantasmas mentales», ¡si no decides levantarte, abrir la puerta y salir! Nada de lo que esté allá fuera será peor que quedarte en esa esquina oscura esperando a que algo o alguien te libere, ¡porque eso no va a pasar! ¡Tú eres quien tiene ese poder! ¿Qué es lo que tienes que hacer?... ¡Sí!, quizá tomarte un tiempo, analizar, pensar qué es lo que está generando en ti este sentimiento de miedo y temor, sea lo que sea, estos «fantasmas mentales» regularmente son creados en nuestro pasado. Busca qué es lo que hizo que esa impresión se generara en tu mente, ¡acéptalo!, porque eso está en el pasado, ¡entiéndelo y perdona! Al perdonar, tu mente se libera y dejará de tener esa rigidez, la cual había sido provocada por alguna de esas situaciones pasadas; de esta forma tu mente estará lista para que puedas tomar esa llave, abrir la puerta y liberarte de ese pensamiento, el cual no es más que una ilusión creada en tu mente.

Tu mente tiene la capacidad de enfrentar cualquier miedo, cualquier sentimiento negativo que aparezca, y tienes que saber que esto es algo muy normal, todos los seres humanos tenemos pensamientos positivos y negativos, lo que tenemos que hacer es entrenarnos para que los positivos sean tan grandes que siempre aplasten a los negativos.

*La inacción engendra duda y miedo. La acción genera confianza y coraje.*

*Si quieres vencer el miedo, no te sientes en casa*

*y pienses en ello, sal y ponte a trabajar.*

DALE CARNEGIE
Escritor y empresario estadounidense (1888-1955).
Más de 50 millones de libros vendidos.

## ARREPENTIMIENTO

¿Qué pasa cuando nos arrepentimos de algo que hicimos?... Vienen muchos sentimientos negativos, por un lado debes entender y aceptarlos, porque este es un primer paso para liberarte de este «fantasma mental», porque es muy distinto arrepentirse, liberarse y seguir adelante con la convicción de no repetir ese error que estar arrepentido día con día, recordando momento a momento qué fue lo que hicimos mal, o lo que dejamos de hacer, qué fue lo que no salió, qué fue lo que dijimos o no dijimos, porque esto es como seguir excavando en un mismo agujero que no tiene salida.

*El arrepentimiento solo será positivo cuando produzca*

*un cambio en la mente y en el corazón.*

MANUEL SOTOMAYOR

El arrepentimiento, si no lo entiendes, lo aceptas y te liberas, se convierte en una cadena que te llevará a otro «fantasma mental», la culpa...

## CULPA

Es un sentimiento que tiene que ser expresado, ya sea contigo mismo o con la persona afectada, porque cuando dejas que se acumule este tipo de pensamientos, cuando se juntan el arrepentimiento y la culpa, comienzan a generar dolor, un dolor que no te ayuda en lo absoluto, ni te permite estar tranquilo, no te permite estar al 100% y mucho menos seguir avanzando. Cada mañana que te levantes no podrás disfrutar el camino hacia tus metas, tienes que hablarlo, sin ese miedo a lo que te digan, sin miedo al rechazo por parte de la otra persona, esto es algo que está en ti y tienes que expresarlo de la mejor manera, si la otra parte o las otras partes no lo aceptan o no lo entienden, puedes estar tranquilo y seguir tras tus objetivos.

*En cuanto el hombre se libera de la culpa,*

*empieza a prepararse para el camino de la dicha.*

WALLACE STEVENS
Abogado y poeta estadounidense.
Ganador del Premio Pulitzer (1955).

Por último hay dos «fantasmas mentales» que pueden causarte mucho daño, y es muy probable que también afecten a las personas que te rodean, ya que estos son como un virus que se puede contagiar fácilmente a través de mentiras, comentarios malintencionados, chismes, bromas pesadas, entre otros, y todo esto no solo afectará a las personas que aprecias, también te comenzará a alejar de ellas, pero esto no es lo peor... tus objetivos se verán disminuidos en importancia, porque tu mente en lugar de estar enfocada al 100% en lo que quieres, parte de ella estará creando estos sentimientos negativos, los cuales no te permitirán disfrutar nada de lo que hagas, o solo lo harás por momentos.

## ENVIDIA

Uno de los «fantasmas mentales» que indica que aunque la persona cuente con una buena capacidad para ver, tiene una «venda amarrada a los ojos», la cual no le permite ver lo especial que es esa persona por sí misma y lo increíble que puede llegar a ser. La envidia es la manera más fácil de colocarte por debajo de esas personas que envidias, no permitas que este sentimiento llegue a crecer dentro de ti, por muy mínimo que este sea, recuerda que tú puedes tener la misma capacidad o incluso más para lograr cualquier cosa, siempre y cuando te quites esa «venda de los ojos» y veas lo que realmente eres y vales.

Recuerda que una de las formas más fáciles de identificar a alguien que tenga en su interior este «fantasma mental» es cuando este ataca directamente o con aparentes bromas la autoestima de otras personas. Porque la única forma de que este individuo se sienta bien y seguro es haciendo menos a los demás.

*Nadie que confía en sí envidia la virtud del otro.*

**MARCO TULIO CICERÓN**
Escritor, filósofo, abogado, orador y político romano (106-43 a.C.).
Considerado el abogado más influyente de su época.

## ODIO

Es una de las cargas más pesadas que puedes elegir llevar en tu camino. Este «fantasma mental» es el más pesado, porque cuando tú odias a alguien, del 100% que tiene tu capacidad mental para enfocarse en cosas positivas, en buscar estrategias para seguir adelante, en crear e inventar, en automático vas a destinar un gran porcentaje hacia esa persona o personas, y el rendimiento que podrías tener con un enfoque libre de estos pensamientos negativos, sería mucho mayor.

Recuerda que si alguien trata de hacerte daño, si tratan de detenerte, o si te lastiman; todas estas acciones serán como un filtro, para que puedas darte cuenta y hacer a un lado de tu vida a la gente que no vale la pena. De esta forma tu corazón siempre se mantendrá limpio de este sentimiento tan negativo, que es el odio.

*La mente no encuentra paz, ni disfruta del placer y la alegría, ni encuentra reposo, ni fortaleza cuando la espina del odio yace en el corazón.*

**SHANTIDEVA**
Monje budista indio (685-763).
Autor de *El camino de vida del Bodhisattva.*

Ahora que tienes perfectamente identificados estos «fantasmas mentales» analiza cuáles están ahí y cuáles no... y los que estén elimínalos por completo de tu mente, porque recientemente investigadores de la escuela de Medicina de la Universidad de Virginia en Estados Unidos hicieron un gran descubrimiento en mayo de 2015, descubrieron que el sistema inmunológico siempre ha estado conectado al sistema nervioso central a través del sistema linfático, esto quiere decir que si tú lo permites, cualquiera de estos «fantasmas mentales» y pensamientos negativos pueden generar en ti estrés, ansiedad, depresión y hasta provocarte enfermedades. ¡No lo permitas!... ¡Tú eres el único que puede proteger tu mente y tu cuerpo! ¡Tú eres el único que tiene ese poder!, ¡decídete!, ¡toma esa llave y libérate de cualquier pensamiento negativo por mínimo que pueda ser!, ¡abre esa puerta!, y sal a disfrutar al máximo ese camino que elegiste, porque tener limpio tu corazón y tu mente te permitirá seguir avanzando sin esas redes que pueden detenerte, y podrás alcanzar con una paz interior y felicidad cualquier cosa que te propongas.

Antes de terminar con esta ley me gustaría comentarte que otra de las principales características del Tiburón Blanco es que es inmune a las enfermedades, parte de esto ha sido pieza clave para que siga en el planeta Tierra desde hace más de 150 millones de años. Esto te lo comento para que tomes en cuenta que parte de la Mentalidad De Tiburón es que si tú te lo propones y trabajas tus pensamientos, además de cuidarte en todos los aspectos, y basándote en el descubrimiento de los investigadores de la Universidad de Virginia, donde nos demuestran que el sistema inmunológico está conectado directamente al sistema nervioso central. Esto significa que puedes ser inmune a cualquier enfermedad si te lo propones y entrenas tu mente.

*Si la mente está ocupada con pensamientos positivos,*

*es más difícil que el cuerpo enferme.*

DALAI LAMA XIV
Jefe espiritual del budismo tibetano.
Premio Nobel de la Paz (1989).

## SIGUE AVANZANDO CON

# FORTALEZA

Utiliza la **fortaleza** para perseguir lo que quieres, lo que amas, lo que vas a lograr. Esta será como una armadura que impedirá que los golpes de la vida puedan hundirte, impedirá que puedan partirte a la mitad; esta armadura te permitirá soportar cualquier tipo de dolor físico, mental o espiritual, para seguir adelante sin desviarte de tu objetivo.

Recuerda que aunque te quieran dañar, aunque estés pasando por el peor momento de tu vida, estés sumamente cansado, aunque te ardan todos los músculos en el entrenamiento, si decidiste ir tras tus objetivos con todo tu corazón, este bombeará esa fuerza, recorriendo y contagiando cada célula de tu cuerpo hasta llegar a tu mente, detonando esa **fortaleza** en todo tu ser, y en ese momento serás invencible.

*Las últimas cuatro repeticiones del ejercicio son las que hacen crecer los músculos, esta parte de dolor es la diferencia entre el que es campeón y el que no lo es. **En la vida esto es lo que le falta a la mayoría, tener agallas y decidir que seguirán adelante sin importar el dolor o lo que pase***

ARNOLD SCHWARZENEGGER
Fisicoculturista, actor, empresario y político estadounidense-austriaco.
Gobernador de California (2003-2011).

# LEY 13

CUANDO TE SIENTAS DÉBIL, TRISTE,
CANSADO O INCLUSO SIENTAS
MIEDO, RECURRIRÁS
A LAS LEYES 1, 4, 6, 7 Y 12

Mentalidad De Tiburón

La vida está llena de altibajos, es parte de la naturaleza humana, pero tu éxito dependerá de qué tan preparado estés para enfrentar estos altibajos, qué tan fuerte seas mentalmente para poder aceptar una caída, un golpe, un fracaso, entendiendo que esto es parte de tu éxito, analizando y encontrando siempre la forma más inteligente de seguir adelante.

La gente exitosa sabe que cuando algo sale mal en algunos casos es permitido tomar un tiempo para pensar, tiempo para llorar, para reestructurar, para renovar, pero están conscientes que ese tiempo que se tomen es muy valioso, porque es un tiempo en el que pueden estar trabajando por su meta, sabiendo que si lo van a utilizar para tomar un respiro, entre más corto sea ese tiempo es mucho mejor.

*Erróneamente creemos que los sentimientos son para gente débil,*
*pero hasta el ser humano más poderoso se agota, teme y llora.*
*La gran diferencia es que lo acepta y no permite que esto lo detenga.*
MANUEL SOTOMAYOR

Finalmente, llegamos a la última Ley. Ya tienes prácticamente todo el sistema, todas las Leyes, y sé que a partir de ahora estás listo para enfrentar lo que sea; solamente hay un pequeño detalle que tienes que tener muy presente en tu vida: somos seres humanos, tenemos sentimientos y todos en algún momento de nuestras vidas, a pesar de que luchamos y trabajamos por lo que queremos, llegará un punto en el que nuestro cuerpo o el mismo corazón se sientan casados, agotados, lastimados, o incluso esos miedos que habías superado y que ya no te habían detenido, pueden regresar, pero es ahí donde tienes que recurrir nuevamente a tu **Mentalidad De Tiburón.**

Esta Ley te recuerda que todos caemos alguna vez, pero la diferencia entre el que disfruta y logra lo que quiere y el que no es feliz y no logra nada, está en quién realmente está preparado, quién verdaderamente está listo para enfrentar lo que venga, porque quien disfruta y logra sabe que estas caídas, que estos altibajos son parte de la vida. ¡No se pueden evitar!, tienes que seguir el principio de Charles Darwin: «adaptación», aprender a ser flexible, aprender a adaptarte a las circunstancias, siempre para buscar la mejor salida, el mejor camino hacia lo que quieres, aprendiendo a enfrentar esos golpes con valentía.

*Vacía tu mente, sé sin forma, moldeable. Como el agua,*

*si pones agua en una taza, esta se convierte en la taza.*

*Si pones agua en una botella, se convierte en la botella.*

*Si la pones en una tetera, se convierte en la tetera.*

*El agua puede fluir o puede golpear.*

*Sé cómo el agua, mi amigo.*

**BRUCE LEE**
Actor, escritor, guionista, productor y director estadounidense.
Considerado el icono más grande de artes marciales del siglo xx.

Esta LEY 13 te enseña qué hacer para levantarte, qué pensamientos utilizar para regresar y tomar nuevamente ese camino que elegiste, sin quedarte en el suelo y perder más tiempo, a entender que dentro de ti está eso que te impulsará hacia adelante nuevamente.

Antes de seguir con los principios de esta LEY 13 quiero hablarte de un tema que hemos tratado a lo largo de estas Leyes, el concepto de la automotivación, siendo este fundamental para seguir adelante. Esta Ley me permite retomar este concepto, porque tienes que tener muy claro que en el camino hacia tus objetivos, en el camino hacia tus sueños, ¡estás solo! Tienes que entender que tú tienes que ser tu propio héroe. Cuando elijas ir tras tu sueño no debes depender de nadie para alcanzarlo, porque probablemente nadie te ayudará, nadie te dará nada, solo hay una pequeña excepción.

*En esta vida jamás esperes que alguien te ayude,*

*a menos que logres que sus intereses y los tuyos*

*se alineen en el mismo camino.*

**MANUEL SOTOMAYOR**

Esto puede sonar muy frío, pero así es, y tienes que ser tenaz y constante para enfrentarte tú solo a todo lo que se presente, entendiendo que cuando algo inesperado te pase y sientas que esto te pegó, nadie va a venir a decirte: «¡Sigue adelante, tú puedes!, ¡confía en ti!, ¡no permitas que este fracaso temporal te tire!»... ¡No esperes esto!... ¡porque no va a pasar! Tú eres quien tiene que desarrollar esta habilidad para motivarte, porque normalmente no sabemos cómo manejar la automotivación.

Cuando escuchamos en la tele, en la radio, a personas que nos aconsejan o nos dicen: «Cuando quieras algo; di que tú puedes, di que eres el mejor», ¡y sí, esto tiene sentido!, pero cuando apenas estás iniciando el desarrollo de una mentalidad positiva, y al decir frases como: «Yo puedo, yo lo voy lograr», sin tener un sistema o una metodología, hasta uno mismo se siente algo tonto.

Te voy a compartir uno de mis secretos de cómo he manejado la automotivación. Primeramente he entendido que la Mentalidad De Tiburón puede estar en el interior de cualquier persona, y al entender esto significa que también está dentro de mí, siendo una parte de todo mi ser, y sé perfecto que esa mentalidad es quien puede impulsarme, es quien me motiva. Desde que era atleta siempre manejé la motivación en segunda persona. ¿Cómo es esto? Déjame explicarte para que quede muy claro... ¿Cómo te sentirías si cada vez que algo que no esperabas se presentara?, algo para lo que no estabas listo, como algún reto, alguna competencia o alguna presentación. Imagina cómo te sentirías si tuvieras a tu lado a una persona que en todas estas situaciones te dijera al oído: «¡Estás listo!», «¡eres el mejor!», «¡nadie te ganará!», «¡estás aquí para transformar el mundo!», «¡claro que puedes con esto y más!», «¡el miedo no existe!»,

«¡adelante, confía en ti!». Esto sería como tener un aliado incondicional que jamás te dejaría caer y que siempre te estará impulsando... ¿Y quién sería esta persona?... **¡Esa persona eres tú!, ¡es tu Mentalidad De Tiburón!** Esto es a lo que le llamo automotivación en segunda persona.

Utilizando esta técnica lograrás generar una gran seguridad, porque sabes que cuentas con alguien leal al 100% y que confía plenamente en ti. Entrena, esfuérzate por liberar esa mentalidad, para que logres desarrollar cada vez más ese poder con el que puedas motivarte siempre. De esta forma, ¡nada te detendrá!

Retomando los principios de la LEY 13, cuando caigas o sientas que algo te está deteniendo, tienes que recurrir a los conceptos que ya viste, estas Leyes son claves y ya las conoces, te ayudarán a retomar ese objetivo, tómate un tiempo para pensar y reflexionar nuevamente para entender qué está pasando.

## LEY 1

### APRENDERÁS A CONOCERTE DÍA CON DÍA, PARA IDENTIFICAR PERFECTAMENTE CÓMO FUNCIONAS

Nuevamente busca en el fondo de tu ser, pregúntate cómo te sientes, qué te afectó, qué te detuvo, analiza cada paso que diste, de esta forma te darás cuenta que cuando logres identificar qué fue lo que sucedió, cómo estabas emocionalmente en ese momento, lo que hayas pasado o por lo que estés pasando, de inmediato se convertirá en un aprendizaje más y serás más sabio. Tómate el tiempo que creas necesario para preguntarte, pensar, analizar y sentir con todo tu corazón qué está pasando contigo, relájate, entiéndete, y después de esto toma nuevamente esas riendas de tu vida y recuerda esta otra Ley...

## LEY 4

### TE PROPONDRÁS METAS MEDIBLES Y DESARROLLARÁS UN PORQUÉ, EL CUAL SERÁ TU MOTOR Y TU MOTIVACIÓN

Sigue tras esas metas, analiza dónde estuvieron las fallas, corrígelas, modifica tu plan, crea nuevas estrategias, pero no desistas de eso que elegiste, de eso que te apasiona, eso que te hace ser feliz y que sabes que es parte de tu vida; también recuerda ese **porqué**, el cual encontraste en el fondo de tu corazón, esa motivación que es tu «nitrógeno», el que te empujará aun cuando estés sin fuerzas, aun cuando estés agotado, sea lo que sea, te ayudará a seguir adelante, con esa convicción de que estás en este mundo para lograr algo grande, como lo dice esta siguiente Ley...

## LEY 6

### LUCHARÁS SIEMPRE CON FUERZA Y VALORES HACIA TUS OBJETIVOS, TENIENDO FE EN QUE ESTÁS DESTINADO A LOGRAR ALGO GRANDE

Recuerda que tienes que estar convencido que estás aquí para hacer algo grandioso, no importa si las cosas no han salido como esperabas, no importa si estás cansado, si estás lastimado, agotado, ¡no importa nada!, ¡jamás debes perder esa fe en que eres especial!, en que puedes hacer lo que tú quieras, tomando la fuerza de cada uno de tus valores y siguiendo tus principios, ¡no dejes que nada te desanime!, ¡ni te quite esa idea de tu mente!, recuerda que tú eres quien decide si te afectan los comentarios, las personas, las situaciones externas. ¡No permitas que nada de esto acabe con esa fe que tienes en ti! Para esto es la siguiente Ley que ya conoces...

# LEY 7

## JAMÁS TE RENDIRÁS ANTE NADA NI NADIE, PORQUE TU MENTE ES MÁS PODEROSA QUE TU CUERPO Y TUS SENTIMIENTOS

Como te lo dije anteriormente, no importa qué tan grande o fuerte sea el obstáculo, no importa cuál sea tu situación física, económica o emocional, ¡nada de esto importa!, ¡jamás debes detenerte!, ¡jamás debes rendirte!, tienes que seguir adelante porque sabes que en tu Mentalidad De Tiburón no existe la palabra rendirse, y sabes que tu mente es más poderosa que cualquier sentimiento físico y emocional; recuerda que esta es una de las características que realmente te dirán si eres un ganador, ¡no importa cuántas veces pierdas!, ¡no importa cuántas veces lo intentes!, siempre y cuando aprendas qué fue lo que pasó, lo tomes como una experiencia y sigas adelante, porque a la gente ganadora se le conoce en las peores circunstancias, es ahí donde se sabe si realmente tienen esa mentalidad de triunfo.

*Si estás pasando por un infierno, sigue avanzando.*

WINSTON CHURCHILL
Historiador, estratega militar, político y orador británico.
Considerado como un líder motivacional en la II Guerra Mundial.

Por último, la Ley que será como tu armadura para que puedas soportar todo lo que tengas que enfrentar y puedas retomar en cualquier momento tu camino.

## LEY 12

### EN TODO LO QUE TE PROPONGAS SOPORTARÁS EL DOLOR Y EL CANSANCIO MÁS ALLÁ DE LO QUE CUALQUIER SER HUMANO PODRÍA AGUANTAR

Recuerda que esta Ley es la que define qué tanto quieres lo que dices, qué tanto estás dispuesto a enfrentar y soportar cualquier cosa que venga por conseguir lo que quieres para tu vida. Esta Ley tiene que estar presente en todo lo que hagas, porque esta es la que te recordará que no puedes permitir que ningún dolor, cansancio o alguno de esos «fantasmas mentales» te afecte. Recuerda que todos esos fantasmas **¡no existen!, ¡no son reales!,** tú eres quien puede controlarlos en el momento que quieras, ¡tú tienes la llave que abre o cierra esa jaula!, tú decides qué hacer, y quiero recordarte que jamás verás a ningún **Tiburón Blanco** triste, deprimido o con miedo, ¡no!, ¡eso no existe!, solamente los verás con hambre, hambre de seguir dominando y de seguir siendo los reyes, tal como lo eres tú, tal como siempre te lo ha dicho tu **Mentalidad De Tiburón. Recuerda que no viniste a este mundo para ser como todos los demás, estás aquí para hacer algo grande por ti y por tus seres queridos.**

## SIGUE AVANZANDO CON

# ACTITUD

Esta es una palabra tan poderosa y a la vez tan delicada, que tienes que tener mucho cuidado con qué otra palabra la acompañas, porque así como puede cambiar para bien todo tu destino una **actitud positiva**, también puede destruirlo la actitud negativa.

No existe una sola persona que haya alcanzado sus objetivos sin una **actitud positiva**. Todas y cada una de esas personas pasaron por situaciones muy difíciles, pero su forma de ver y entender cada una de estas fue la clave para seguir sin detenerse ni vencerse ante nada ni nadie.

A partir de este momento, tienes en tus manos y en tu mente el sistema que te guio a darte cuenta de esta mentalidad que siempre ha existido en ti y que ahora, en el momento que surja algo inesperado, serás capaz de reaccionar, hacer y conquistar cualquier cosa que quieras.

Analiza, aprende, define, enfrenta y mantén siempre tu MENTALIDAD DE TIBURÓN.

*Elige ser positivo, tú tienes esa opción, eres el dueño de tu actitud, elige ser positivo y constructivo. El optimismo es el hilo conductor hacia el éxito.*

BRUCE LEE

Actor, escritor, guionista, productor y director estadounidense.
Considerado el icono más grande de artes marciales del siglo XX.

# DESPEDIDA

Antes de despedirme quiero compartir contigo mi definición de éxito:

*«El éxito es vivir agradecido y disfrutar cada día, teniendo la capacidad de brindarles a tus seres queridos lo que necesiten, haciendo lo que te hace feliz y que pueda impactar de alguna forma positiva en la sociedad».*

Y por último quiero darte las gracias por haberme permitido compartir algunas de mis experiencias y conocimientos de grandes líderes que han transformado nuestro mundo.

Mucha gente podría decirte: «¡Espero que te vaya bien!», pero yo no espero, ¡yo sé que te ira muy bien! ¡Sé que vas a lograr todo lo que decidas hacer!, siempre y cuando lo hagas con todo tu corazón y pongas a trabajar cada fibra y cada célula que hay en ti para seguir tras ese sueño.

Me dará mucho gusto poder vernos en alguna conferencia, seminario o presentación de este libro y saber que estás trabajando, que cada vez estás más cerca o que ya has logrado alcanzar eso que siempre has querido.

¡Una vez liberada tu Mentalidad De Tiburón!... ¡No hay marcha atrás!, ¡vas a conseguir ese sueño!; primero transformándolo en un objetivo y después en una realidad... pero sobre todo vas a disfrutar más cada día de tu vida y serás más feliz.

¡Gracias!

**MANUEL SOTOMAYOR**
«SHARK»

# AGRADECIMIENTOS

Quiero darle gracias a Dios por haberme puesto en una familia que me enseñó los valores, los cuales me han guiado durante toda mi vida.

A mi mami, una mujer que logra englobar los sentimientos necesarios para que en la vida se pueda seguir adelante y disfrutar cada momento, una mujer que sin importar las dificultades y las pruebas que la vida le ha puesto –una de ellas fue quitarle a mi papá de su lado–, ella jamás se venció, siempre siguiendo hacia adelante con una sonrisa y amor por todos, con una inteligencia emocional que no he logrado ver en otra persona. Para mí ha sido mi maestra, mi mentora y mi mejor amiga, ha sido quien me ha enseñado a levantarme siempre, es quien me ha ayudado a limpiar mi corazón de cualquier situación o personas que han tratado de detenerme o lastimarme, haciéndome entender que esto es parte de la vida y que hay que saber perdonar para seguir adelante, buscando siempre la salida más inteligente.

Hay algo que me enseñó y que siempre lo tengo muy presente; para ella, el «no se puede» simplemente no existe.

Además de que sin ella este libro no existiría, ya que fue pieza fundamental en el desarrollo. Gracias por esos emocionantes debates respecto a las ideas y edición de este libro. ¡Y por todo ese gran amor!

A mi abuelito Guillermo Landecho, un hombre fuerte físicamente y de un gran espíritu, quien me enseñó con su ejemplo el verdadero valor del liderazgo, porque quizá hay quienes piensan que un gran líder solo es el presidente de un país o el director de una gran empresa, pero para lograr ser un líder integral, primero se debe empezar por liderar su propia vida y la de su familia, y esto es algo que mi abuelito me dejó muy claro. Para mí, él fue el mayor ejemplo de un gran liderazgo, enfrentando todo con valor, tenacidad y sobre todo con amor hacia su familia; en algunas ocasiones ese amor era tan grande, que se arriesgaba a que alguien de la familia no lo quisiera, porque siempre decía la verdad, ya que él nunca quería quedar bien con nadie, él quería siempre lo mejor para cada uno de nosotros. Todos estos ejemplos fueron la mejor herencia que pudo dejarme y lo más importante es que siempre me enseñó a nunca conformarme, a buscar siempre ser mejor en todo lo que hiciera. «Si eres bueno en algo, puedes ser mejor, si eres mejor, puedes serlo aún más», estas eran sus palabras y nunca las olvidaré.

A mi abuelita Alicia, por ser ese pilar tan importante para toda nuestra familia, un pilar que tiene la fuerza para ser un gran soporte y a la vez barnizado con todo ese amor que siempre ha tenido para todos, además de sus palabras de aliento y cariño en todo lo que he hecho.

A mi papá Manuel Sotomayor, porque antes de partir dejó sembrada en mí esa semilla de la Mentalidad De Tiburón, con esa frase que siempre me decía: «Eres un campeón».

A Raúl Ramírez, quien se convirtió en mi papá, por todo el cariño y apoyo que siempre me ha dado y por enseñarme a resolver cualquier situación con inteligencia, además del amor y respeto hacia mi mamá.

A Gloria Landecho, mi tía, por enseñarnos a todos lo que es la paciencia, el apoyo y el amor incondicional a los demás.

A Guillermo Landecho, mi tío, un atleta nato, quien siempre me mostró el mejor ejemplo de lo que es la disciplina, el trabajo y la acción constante en todo lo que hace.

A Adrián Landecho, mi tío, un verdadero guerrero de la vida, quien no se ha vencido ante nada, además de enseñarnos lo que es la generosidad y lo que significa la palabra ayuda.

A Sandra Landecho, mi tía, por demostrar lo que es el esfuerzo y trabajo por amor a su familia.

A mis primos Yany, Dulce, Tania, Tamara, Marco, Memo, Ali, Adrián, Toño, Sofí, Caleb, Jorge, Charlie y Teté, porque fue en nuestros juegos cuando éramos niños el principio de muchos de mis sueños y por todas las risas compartidas mientras jugábamos y comíamos pizza, todas esas risas alimentaron de alegría mi espíritu.

A mis tíos Rafael Escartín y Borbolla y Marco Negrete, por su presencia y apoyo en momentos importantes de mi vida.

A José Fagoaga, quien me ha enseñado el verdadero valor de la amistad y la confianza; quien de ser un amigo se convirtió en mi hermano, y en conjunto con mi primo Juan Carlos, quien con esa habilidad e ingenio para plasmar ideas y sueños, hemos logrado llevar la Mentalidad De Tiburón a muchas personas en el mundo.

A Roberto Ávalos y Óscar Flores, quienes además de todas las horas que pasamos en la alberca y en el gimnasio, nuestra amistad trascendió fuera de ella y hoy también son parte de mi familia.

A mi Belli, mi gatita, quien compartió conmigo muchas horas de desvelos en mi estudio, parándose muchas veces encima del teclado y frente a la pantalla mientras escribía este libro.

A Elvirita por ayudarnos en casa, siempre con mucho cariño y por ese sueño que me compartiste con tanta emoción, cuando esa voz a través del gran árbol te dijo: «que siguiera con el libro».

También quiero agradecer a las personas que no forman parte de mi familia, pero que han sido parte importante en mi vida.

Al Dr. Roberto Ávalos, por su amistad, apoyo, enseñanzas y consejos en uno de los mundos más complejos, como lo es la Administración Pública.

Al Prof. Nelson Vargas, quien fue mi ejemplo a seguir, siendo un gran hombre de negocios; siempre con una mentalidad ganadora y fomentando una vida saludable para la sociedad.

Al coronel Sergio Suárez Guerrero, por su amistad y apoyo incondicional.

Al Dr. Javier Vargas Diez Barroso, a quien tuve la fortuna de conocer mientras era el Rector de la Universidad Anáhuac, México Sur. Por sus consejos, apoyo y por haber confiado en mí y ser la persona que me inició en este camino; en mi primera conferencia, aquella conferencia en Tampico ante 2,000 jóvenes, y gracias a esa experiencia hoy gran parte de mi vida la dedico al desarrollo humano, gracias por todo y más aún por ser el ejemplo claro de un gran líder, con una visión y pasión por transformar siempre de una forma positiva a la sociedad.

Al Dr. Carlos Barber, quien siempre me ha escuchado y apoyado en los proyectos e iniciativas que he tenido. Recuerdo aquella mañana en su oficina cuando era vicerrector de la Universidad Anáhuac, México Sur, las horas que pasamos debatiendo de forma proactiva, uno de los primeros proyectos que aporté a mi Universidad y gracias a su conocimiento y apoyo se convirtió en un gran éxito.

Al actuario Abraham Cárdenas, actual Rector de la Universidad Anáhuac, México Sur, por su apoyo y visión de crear líderes que inspiren a nuestro país y por esas palabras que fueron una motivación al decirme: «Escribe un libro», con la finalidad de impulsar y llegar a más personas.

A Gustavo Alpuche, Director de Deportes de la Universidad Anáhuac, México Sur, quien desde el primer día que lo conocí siempre me brindó un apoyo incondicional y no solo hacia mí, sino también hacia los más grandes deportistas de nuestro país.

A don Ernesto Salum, un hombre de una gran experiencia, quien me dio muchos consejos. Recuerdo también las horas que pasábamos platicando acerca del feroz ambiente competitivo del deporte, el cual conocía perfectamente al haber sido uno de los mejores tenistas de su universidad.

A una mujer que me dio su apoyo en los comienzos de Mentalidad De Tiburón, una mujer bella físicamente, pero aún más en su interior, Aline Urbiola.

A tres personas que fueron fundamentales en mi desarrollo profesional, Ezra Kogan, Arturo Pérez Gavilán y Salvador Rodarte, por su ejemplo de cómo manejar de forma exitosa los negocios, pero sobre todo, por el apoyo que me brindaron en mi carrera deportiva.

También quiero darle las gracias a todos los que compartimos gran parte de nuestra vida en la alberca, en el entrenamiento, en el agua, quienes eran amigos de equipo, y que se convirtieron también en familia; Juan y Carlos Flores, David Mora, Omar Domenech, Marco Miranda, Daniel Aldaco, Marco Tulio, Daniel Lozano, Erick Reguera, Marcos Montero, Jannette, Cindy y Ana Luz Morales, Óscar León, Canek Ramírez, Luis, Christian y Fernando Hernández, Gaby Mirón, Tania Robles, Alejandro Escudero, Juan Yeh, Erwin Guillén, y muchos más, cada uno de ellos sabe todo lo que vivimos y les doy las gracias por esos momentos; al igual que a mis entrenadores, Hugo López, Marcos Hernández, Óscar Ramírez, Patrick Boyer, José Peláez y José «Coco» Velázquez, gracias por sus enseñanzas y pasión por el deporte de la natación.

Y finalmente quiero mencionar a dos personitas muy especiales, Nicole y Mey, mis sobrinitos, en quienes veo un brillo especial en sus ojos, en el que puedo imaginar y ver el futuro de una mejor sociedad. Ellos son una motivación para seguir trabajando, y sin importar lo que tenga que enfrentar, seguiré hacia adelante, para lograr que los niños y la juventud de nuestra sociedad transformen su mentalidad por una mentalidad ganadora, por una Mentalidad De Tiburón, pero lo más importante, con un corazón noble, para que todos podamos vivir en un mundo mejor.

# REFERENCIAS

## BIBLIOGRAFÍA

Bandler, Richard, y John Grinder (1998). *La estructura de la magia* (vol. 1). Chile: Cuatro Vientos.

Barber, Carlos, y Carlos Clúa de la Torre (2014). *Liderazgo inspiracional.* Ciudad de México: McGraw-Hill Interamericana Editores.

Cawthorne, Nigel (2003). *Victory 100 Great Military Commanders.* Londres: Acturus Publishing Limited.

Corcuera, Álvaro (2007). Discurso 25 Aniversario Universidad Anáhuac, México Sur, Ciudad de México.

Engels, Johannes (2012). *Los 7 sabios de Grecia.* España: Crítica.

*Fábulas de Esopo*, «La serpiente y la luciérnaga».

Goleman, Daniel (2000). *La inteligencia emocional: por qué es más importante que el cociente intelectual.* Ciudad de México: Ediciones B.

Jordan, Michael (1994). *Mi filosofía del triunfo.* San Francisco: HarperCollins.

Lao Tse (1998). *Tao Te King,* traducción al castellano y comentarios de Gaston Soublette. Chile: Cuatro Vientos.

Marco Tulio Cicerón (2013). *Sobre la vejez / Sobre la amistad.* España: Alianza Editorial.

Nietzsche, Friedrich (1974). *Así hablaba Zaratustra*. México: Editora Latino Americana.

Platón (1971). *La República*. Ciudad de México: Universidad Nacional Autónoma de México.

Shantideva (2013). *El camino del Bodhisattva*. México: Casa Tíbet México.

Singh Khalsa, Dharma, y Cameron Stauth (1997). *Rejuvenece tu cerebro*. Barcelona: Ediciones Urano.

Strathern, Paul (1999). Sócrates. Madrid: Siglo XXI Editores.

— (1999). *Platón*, Madrid: Siglo XXI Editores.

Sun Tzu (2003). *El arte de la guerra*. Ciudad de México: Editores Mexicanos Unidos.

Tracy, Brian (2010). *How the Best Leaders Lead: Proven Secrets to Getting the Most Out of Yourself and Others*. Nueva York. AMACOM, a Division of American Management Association.

## ORGANIZACIONES

Department of Neuroscience, University of Virginia.

Food and Agriculture Organization of the United Nations (FAO).

National Sleep Foundation, Arlington Virginia.

North Carolina Department of Agriculture and Consumer Services, Food and Drug Protection Division.

NovelPrize.org.

Organización Mundial para la Salud (OMS).